**평양에선
누구나 미식가가 된다**

★★★★★

평양에선 누구나
미식가가 된다

2018년 10월 25일 초판 1쇄 찍음
2018년 11월 05일 초판 1쇄 펴냄

지은이   최재영
펴낸이   이상
펴낸곳   가가날
주소   경기도 고양시 일산동구 강선로 49 BYC 402호
전화   070.8806.4062
팩스   0303.3443.4062
이메일   gagyapub@naver.com
블로그   blog.naver.com/gagyapub
페이지   www.facebook.com/gagyapub
디자인   강소이

ISBN   979-11-87949-27-5 (03340)

이 도서의 국립중앙도서관 출판시도서목록(CIP)은 서지정보유통지원시스템 홈페이지
(http://www.nl.go.kr/cip.php)와 국가자료공동목록시스템(http://www.nl.go.kr/kolisnet)에서
이용하실 수 있습니다.(CIP제어번호:CIP : CIP2018032304)

평양에선 누구나 미식가가 된다

최재영

재미동포
목사의
북녘음식문화
체험기

가갸날

남북이 분단된 지 70년이 지나고도 벌써 3년째다. 이 기간 동안 남과 북은 별다른 교류 없이 각자의 환경과 특성에 맞게 독자적이고 개성 넘치는 음식 문화를 발전시켜왔다. 그렇기 때문에 남북이 함께 공존하는 통일국가를 이루기 위해서는 무엇보다 음식 문화의 교류가 선행되면 좋겠다. 남북의 음식 문화 교류만으로도 충분히 통일을 앞당길 수 있다. 통일은 가슴에 있는 것이 아니라 부지런한 발걸음과 손놀림에 있기 때문이다.

현 시국을 보니 남북이 같은 밥상에 앉아 허심탄회하게 음식을 나눌 일이 부쩍 늘고 있다. 문재인 대통령과 김정은 국무위원장이 판문점의 같은 테이블에 앉아 북측이 준비한 평양냉면을 마치 폭풍흡입하듯 후루룩 맛있게 먹는 장면은 세계의 이목을 끌었다. 남측 대표단이 올 9월 평양을 방문했을 때도 옥류관과 대동강수산물식당 같은 대중식당에서 남북이 자리를 함께하는 오찬과 만찬이 이어졌다. 만남이 곧 통일이고, 만나면 제일 먼저 하는 일이 먹는 일이다.

이남에서도 영남과 호남의 음식이 다르듯, 이북 음식도 관서와 관북이 서로 다르다. 각 지역의 자연지리 환경 때문이다. 보편적으로 이북 음식은 심심하거나 맛이 없게 느껴질 수 있다. 자극적인 양념이나 인공 조미료를 많이 쓰지 않기 때문이다. 하지만 투박하고 거친 맛을 계속 접하다 보면 그 매력에 푹 빠져들기 마련이다. 원재료의 맛이 최대한 살아나는 담백한 뒷맛의 여운이 길어 필자는 자연스레 이북 음식 미식가의 한 사람이 되었다.

음식 속에는 이념과 사상이 없다. 그러나 음식을 먹는 이들의 환경, 기억, 감정 그리고 가치관 속에는 정치사회 의식과 역사가 녹아 있다. 그렇기에 이북 음식을 즐겨 먹는 일은 그들을 이해하고 수용하는 일이다.

필자는 방북 중에 항상 북녘 동포들에게 가장 대중적인 음식이 무엇이고, 인기 있는 음식이 무엇인지를 눈여겨 보았다. 그 가운데 대표적인 민간 요리와 진기한 음식을 소개한다. 우리에게 잘 알려지지 않은 젊은이들의 결혼식 잔치와 노인들의 수연례 잔치 현장도 담았다. 음식 문화를 통해 남과 북이 동질성을 회복하고 서로가 육화(肉化)되고 한 몸이 되기를 바라는 마음 간절하다.

로스앤젤레스 서재에서
다운타운 빌딩숲을 바라보며

차례

1.

첨단 고급화를 지향하는
식당 문화를 체험하다

북녘땅을 방문하면서 여러 종류의 민간 요리는 물론 진기한 특별식을 맛볼 기회가 꽤 많았다. 그럴 때마다 이북의 음식 문화를 눈여겨 보았다.

이북의 음식 문화는 눈에 띄게 변모해 가고 있었다. 식당들이 한결같이 현대화 고급화되어가는 추세다. 음식 한 가지를 만들더라도 최상의 수준이 되도록 심혈을 기울이고, 만든 음식을 손님에게 서빙할 때도 최선의 봉사를 다한다.

호텔 식당 같은 곳만이 아니라 일반 식당에서도 내부 인테리어와 외관에 신경 쓰는 게 확연히 느껴졌다. 저마다 식당 컨셉에 맞게 격조 있고 럭셔리한 분위기를 만들고 있었다.

기존의 종이로 제작된 메뉴판 책자와 영수증 묶음처럼 보이던

—— 고급스런 인테리어의 식당 내부.
평양 시내 대동강변에 자리한 '평양호텔' 5층 식당.

주문판은 전자화되어 최신 태블릿으로 바뀐 지 오래다. 식당 운영 방식도 현대화 전산화 고급화되어가고 있다.

이 같은 흐름에 발맞추어 요리사들의 실력과 기술은 눈에 띄게 향상되었다. 위생과 서비스 수준도 한결 높아졌다.

2015년 4월에는 온라인 쇼핑몰에 해당하는 '옥류'라는 쇼핑 서비스가 시작되었다. 스마트폰으로 온라인 쇼핑을 할 수 있는 신호탄이 오른 것이다. 2006년 평양 낙원백화점이 자체 인트라넷 '광명'에 쇼핑몰을 개설했으나, 쇼핑몰이라기보다는 쇼핑 목록에 가까웠다. 그때와 비교하면 이북의 IT 기술 적용과 전자금융 시스템이 훨씬 업그레이드된 것을 느낄 수 있다.

'비로봉 식당'에선 손님들이 태블릿 메뉴판을 사용

　평양 비로봉 식당은 음식점과 커피숍을 한 공간에서 운영하는 식당이라서 방북 시마다 부담 없이 들르곤 한다. 그곳에 가면 특별히 눈에 띄는 것이 있는데 다름 아닌 전자 메뉴판이다.

　2013년 들어 자체적으로 개발했다고 한다. 그 이전까지는 종이 메뉴판이 사용되었다. 손님들이 식당에 도착하면 가장 먼저 손에 잡는 것이 메뉴판 아닌가. 그 메뉴판이 다름 아닌 '판형 컴퓨터(태블릿 PC)'라서 처음에는 눈을 의심했다.

—— 비로봉식당에서 개발한 판형 컴퓨터(태블릿 PC) 메뉴판 초기화면.

　미국이나 서울에서도 보기 드문 기발한 아이디어였다. 여전히 종이 책자로 된 메뉴판에 익숙한 나로서는 신선한 충격이었다. 태블릿 메뉴판을 테이블마다 비치해 손님들이 자기들 식성과 취향에 맞게 음식을 고를 수 있도록 했다는 사실이 마냥 신기했고 마치 뒷북을 맞는 기분이었다.

비로봉 식당의 태블릿 메뉴판에는 다음과 같은 음료수 종류가 적혀 있었다. '유자단물', '수박단물', '향참외단물', '귤단물', '딸기단물'. 가격은 모두 동일한 350원이었다. 일반 시민들도 부담을 느끼지 않을 가격이었다.

태블릿 메뉴판은 책자로 된 메뉴판보다 지면 제한을 받지 않고 훨씬 다양한 메뉴를 수록할 수 있다. 그 같은 장점 때문인지 메뉴판 화면에는 섹션별로 13개의 다양한 매뉴얼을 만들어 놓았다. 젊은 부류의 고객들이 익숙하고 자연스러운 손놀림으로 손가락 터치를 해가며 페이지를 넘기는 모습을 목격할 수 있었다.

—— 이북에서 2014년 출시한 태블릿 PC '노을'.
게임, 외국어 등의 앱이 여럿 탑재되어 있다.

비로봉 식당뿐 아니라 평양 시내의 여러 식당에서도 뒤이어 태블릿 메뉴판을 개발하였다. 심지어 강원도 마식령 스키장의 식당과 커피점에서까지 태블릿 메뉴판이 상용화되고 있었다.

'해당화관 식당'에선 봉사원들이 주문용 태블릿을 사용

'비로봉 식당'과는 반대로 2011년 개관한 '해당화관' 1,2층 식당에서는 봉사원들(웨이트리스)이 주문 받을 때 사용하는 주문 책자가 다름 아닌 '판형 컴퓨터'였다. 하지만 메뉴판은 기존대로 품위 있게 만든 고급 책자 방식을 유지하고 있었다. 여성 봉사원들이 태블릿을 손바닥에 감아쥐고 손님에게서 주문 받은 메뉴를 입력하는 모습을 보고 신선한 충격을 받았다.

자세히 다가가 쳐다보니 태블릿 전자주문 액정화면에는 음식 목록이 들어 있고, 목록 가운데 한 가지 음식을 터치하면 이어서 음식 이름과 수량, 금액을 표기하는 화면으로 전환되었다. 주문 수량에 따라 가격을 자동으로 확인할 수 있었다.

식사를 마치고 나오는 길에 1층 현관 카운터에 들러 전자주문 시스템에 대해 자세히 알아 보았다.

봉사원은 맨 먼저 주문 전용 태블릿 PC 화면에 손님이 주문한 정보를 입력해야 한다. 그 다음 단계는 입력된 정보가 곧바로 주방에 설치된 모니터로 자동 전송된다.

이런 태블릿 주문 방식의 장점은 손님들의 특별 요구사항이나 개별적 음식 취향 등을 별도로 입력할 수 있다는 것이다. 주방에서는 손님의 요구에 맞춰 세심하게 요리해준다.

— 해당화관은 소형 판형 컴퓨터(태블릿 PC) 전자주문기로 음식 주문을 받는다.

계산대에 근무하는 봉사원들은 이 모든 주문 전산화 시스템이 해당화관에서 자체 개발한 것이며, 손님들에게 신속하고 정확한 서비스를 제공할 뿐만 아니라 음식값을 계산하는 것도 수작업으로 하는 것이 아니라서 매우 정확하고 편리하다고 입을 모았다.

음식값 계산, 손님들 30%는 나래 전자결재 카드 사용

필자는 이북에 가면 으레 나래 전자결재 카드를 사용한다. 경험한 바에 따르면 이북에 입국한 외국인과 해외동포들은 미화 500달러 한도 내에서 나래 전자결재 카드(직불 카드, 현금 카드, 데빗 카드)를 발급 받을 수 있다.

── 필자는 방북 체류중 반드시 전자결재 카드를 소지하고 다닌다.

달러를 사용하게 되면 쇼핑 센터나 식당에서 물건을 사거나 음식을 먹은 후 경우에 따라서는 잔돈을 거슬러 받기가 수월하지 않다. 그래서 전자결재 카드를 사용하는 것이 유리하다고 판단해 매번 이 카드를 사용한다.

이 카드의 장점은 무엇보다 현금 분실이나 도난의 위험이 없다는 것이다. 카운터에서 계산할 때 본인만 알고 있는 4자리 수 비밀 번호를 입력해야 하기 때문에, 설령 카드를 분실해도 도용될 염려가 없다. 또한 체크 카드처럼 일정 금액을 충전하고 계속 사용할 수 있으며, 현금과 동일하기 때문에 사용자들이 점점 늘어나는 추세다.

이 카드는 크레디트 카드(신용 카드)가 아니라 말 그대로 직불카드에 불과하다. 상점에서 물건을 구입하거나 식당에서 식대를 계산하면서 다른 손님들이 계산하는 모습을 지켜본 결과, 고객의 30% 정도가 이 전자결재 카드를 사용하는 것으로 확인되었다.

이북에서도 조선중앙은행을 중심으로 조선컴퓨터센터와 합작하여 신용 카드(크레디트 카드)가 개발되었으며, 사용자가 조금씩 증가하고 있다고 한다. 평양 시내나 이북에 거주하는 자국민 사업가들과 외국인 사업가 등 재정력을 지닌 부류들이 이 신용 카드 시스템을 더러 이용하는 것을 볼 수 있었다.

—
고려호텔에서
만난 소형 자가제조
맥주 탱크.

사회주의 이북의 경제구조는 생존형 자립경제 시스템이어서 개인의 신용을 평가하는 문제가 단순하지 않다. 따라서 신용 카드 제도가 당분간 대중들에게 보편화되기는 힘들 듯하다. 그래도 나름대로 이북 경제의 한 축을 담당하는 금융결제 시스템으로 자리 잡아 가는 것은 분명하다.

물건 가격과 음식값 계산 환율을 이해 못하는 언론들

필자는 방북 시마다 미국 달러화와 중국 위안화를 사용할 만큼 적당히 환전해서 입국한다. 이북 내에 있는 모든 쇼핑 센터와 식당가에는 외국인을 위해 공식적으로 유로화 가격이 표기되어 있다. 미국 달러화나 위안화로 가격을 함께 표기해 놓은 곳도 꽤 있다. 필자는 유로화에 그다지 익숙하지 않기 때문에 유로화는 잘 사용하지 않는다.

필자가 경험한 바에 의하면 실제 이북에서는 유로화보다 미국 달러화나 위안화가 더 많이 사용된다. 유로화를 갖고 있지 않다 하여도 아무런 불편이 없는 것이다. 미화를 가장 자주 사용하지만, 음식값을 계산하거나 물건을 구입할 때 나도 모르게 머릿속에서 유로화-미화-위안화-이북 화폐의 네 가지 모두를 비교해 재빨리 환산하는 버릇이 생기게 되었다.

유로화, 미화, 위안화, 엔화의
당일 환율시세표를 표기하고
있는 간이 외화교환소 창구.

그러나 이북 방문이 초행이거나 계산 감각이 느린 분들은 계산
서를 손에 쥐어줘도 계산할 때마다 환율을 매번 헷갈려 한다. 이북
식 환율 계산 방법을 터득하기 전에 먼저 이북에는 '공식 환율'과
더불어 '실제 환율'이 있다는 것은 인지해야 한다. '공식 환율'이란
외국인 전용 '호구 환율'이다. '호구 환율'은 '실제 환율'에 비해 수
십 배 정도 차이가 난다.

1달러 환율이 이북 화폐로 7,000원 정도인데, 호구 환율은 1달러
에 130원인 경우가 있다. 한 가지 실례를 들어보도록 한다. 커피점
에서 파는 500원짜리 콜라를 이북 인민들은 실제 환율에 따라 0.1
달러, 1,000원짜리 칵테일을 0.2달러에 구입해 먹을 수 있다. 그러
나 외국 국적의 해외동포들이나 외국인들은 호구 환율로 지불하기
때문에 500원짜리 콜라를 4달러, 1,000원짜리 칵테일을 8달러에
사먹어야 한다. 그러므로 이북에서의 환율 적용 방법에 익숙하지

않은 방문자들은 매번 헷갈려하거나 의아해 하는 경우가 많다.

모든 이북 방문자들에게는 누구나 예외 없이 담당 안내원들이 따라다니며 밀접 동행을 한다. 안내원들은 자신이 담당한 외국인이나 해외동포가 쇼핑하거나 식당에서 식사를 한 후에 계산할 때는 반드시 업체측(카운터)에 이들이 외국인임을 고지해서 '호구 환율'을 적용받도록 해야 하는 의무가 있다.

외국인에 대한 환율 적용제도와 2중가격 시스템을 제대로 이해하지 못하는 남측과 서방세계의 언론들은 마구잡이 오보를 내는 경우가 허다하다. 이북의 환율 시스템을 정확히 파악하지 않은 상태에서 메뉴판에 적힌 가격표를 기계적으로 해석하기 때문이다.

———
'고려식당' 메뉴책의
국&탕 가격표.

"음식값이 비싸기 때문에 일반 노동자나 주민들은 죽었다 깨어나도 식당이나 커피점, 백화점에 갈 수 없는 그림의 떡"이라느니 "신흥 부자들과 특권층만 갈 수 있다"느니 하는 주장들을 신문이나 방송에서 근거도 없이 떠들어댄다.

북에서 자국민들에게 적용하는 커피 한 잔의 실제 가격은 0.1달러 정도로 그리 부담스럽지 않다. 일반 평양 시민들이나 주민들이 음식점이나 커피점에 가서 부담 없이 먹고 마실 수 있는 세상이 된 것이다.

커피숍 메뉴는 서울보다 더 고급

평양호텔 전망대 커피숍을 방문해 카운터 천정에 걸려 있는 대형 메뉴판을 바라보면 미국이나 서울의 다양한 최신 메뉴들과 거의 동일함을 알 수 있다. 어떤 경우에는 오히려 유행을 더 앞서가기도 했다.

손님들이 펼쳐보는 메뉴 책자를 보면 아메리카노가 380원, 팥빙수가 500원이며, 그밖에 루이보스차, 얼그레이차, 보리차, 록차, 국화차, 박하차, 과일향차 등이 모두 동일하게 350원이었다.

2층 구조를 지닌 평양호텔 전망대 커피숍은 사면이 통유리로 건축되어 대동강변이 한눈에 내려다보이는 최고의 전망 좋은 장소이

— 평양호텔 4층 커피점 입구를 알리는 간판.

다. 이곳을 찾는 이용자들의 신분이나 직업은 매우 다양했다. 그
보다 더 놀라운 것은 세계적인 커피 문화 유행에 결코 뒤지지 않는
다는 것이었다. 그것은 고급 메뉴와 손님들의 입맛이 입증하고 있
었다.

2.

창전 해맞이식당을 가다

해맞이식당 주변은 유행의 첨단기지

평양시 중심부 뉴타운 창전거리에 위치한 '해맞이식당'은 2012년 10월 1일에 정식으로 개업했다.

필자는 운 좋게도 개업 사흘 후인 10월 4일 밤에 처음 그곳을 방문했다. 그날 일정을 모두 마치고 안내원과 함께 잠시 숙소를 빠져나와 해맞이식당을 찾았던 것이다. 그 후로도 방북 시마다 여러 차례 찾았다. '해맞이식당'이 문을 열 때부터 최근까지의 변천사를 다 지켜보았다고 할 수 있다.

해맞이식당이 위치한 창전거리는 김일성 주석 탄생 100주년을 앞두고 북에서 국가적으로 야심차게 준비한 신시가지이다. 창전거

—— 대동강 건너편에서 바라본 창전거리 아파트 단지.

리는 이북과 평양의 모든 첨단 문화와 유행이 시작되는 곳으로 자리 잡았다.

창전거리에는 고층아파트와 빌딩이 밀집되어 있다. 14개동의 고층 아파트가 들어서 있는데, 그 가운데는 45층짜리 아파트도 있다. 또한 아동백화점, 일반백화점, 식당, 목욕탕, 이발소, 세탁소, 레코드 가게, 약국 같은 서비스 시설과 후생시설은 물론, 학교, 유치원 같은 교육시설들이 철저한 도시계획 하에 멋진 자태를 선보이고 있다.

해맞이식당이 위치한 창전거리는 꽤나 길다. 앞서 이북을 이끈 두 '지도자'의 거대한 동상이 서 있는 만수대 언덕 기슭부터 시작해 평양학생소년궁전, 조선혁명박물관, 인민극장, 만수대의사당(국회의사당)과 천리마동상 등을 일직선으로 두고 있다.

중심 번화가로서뿐 아니라 최신 유행을 선보이는 '서울의 명동' 혹은 '서울의 강남거리'라고 불러도 손색 없을 듯한 지리적 조건을 갖췄다. 창전거리를 활보하는 평양 여성들은 당시 유행하던 복고 열풍에 따라 미장원에서 웨이브 파마를 하고 블라우스에 주름치마를 맞춰 입은 채 하이힐을 신고 다니는 패션을 선보였다. 지금도 하이힐을 신고 고급스런 핸드백을 끼고 양산을 펼쳐 들고 외출하는 모습은 평양에서는 매우 보편적인 현상이다.

남성들도 다양한 색상과 모양으로 디자인된 인민복을 즐겨 입었다. 젊은이들에게 가장 인기 있는 헤어 스타일은 지금까지도 김정은 위원장의 머리 스타일이라고 한다. 이발소에 들르면 일명 '원수님 스타일'로 깎아달라고 주문하고 있었다.

'일출을 맞는다'는 뜻의 '해맞이식당'에 도착하다

둥근 형태의 초현대식 인민극장 인근에 건설된 해맞이식당은 주변 분위기에 어울리는 장소에 위치해 있었다. 해맞이식당 바로 왼쪽에는 24시간 운영되는 '경상찻집'과 '온정종합봉사소' 건물이 마치 쌍둥이처럼 동일한 유리건물 형태로 늘어서 있었다.

그 근방에서 해맞이식당 2층 커피점과 견줄 수 있는 곳은 아마도 '만수교 청량음료점'일 것이다. 그곳 역시 커피는 물론 칵테일과 고급 주류를 판매하고, 젊은 층들이 선호하는 곳이기 때문이다.

해맞이식당은 건물 전면이 유리로 장식된 2층짜리 건물이다. 건물 정면에서 바라본 식당의 정식 명칭은 '창전 해맞이식당'이다. '일출을 맞는다'는 의미로 김정은 위원장이 명명했다고 전해진다.

2012년 7월에 준공해 시범운영을 하다가 10월 1일부터 본격 운영에 들어갔다. 영업시간은 오전 10시부터 저녁 9시까지이며, 2층 커피점은 24시간 문을 연다.

건물 1층에는 슈퍼마켓과 대중식사실이 자리하고 있다. 2층에는 다양한 외국 요리를 제공하는 식당이 있는데 여러 개의 단체 식사실로 구성되어 있으며, 빵과 칵테일, 커피 등을 판매하는 커피점이

— 평양 유행의 첨단기지인 뉴타운 창전거리에 위치한 '해맞이식당'.

별도의 공간을 차지하고 있다.

2층에서 옥상을 향한 계단을 따라 올라가면 파란 잔디를 입힌 공간이 나온다. 자연을 연출한 녹색지대 옥상이 펼쳐져 있다. 건물을 찾은 고객 누구라도 창전거리의 도시 경관을 감상하고 휴식을 취할 수 있도록 조성되어 있다.

전반적으로 해맞이식당은 건물 외부보다는 내부 시설과 장식들이 훌륭하고 화려했다. 건물 외형은 단조로운 감이 있었으나 건물 내부를 들어가니 완전 딴판이었다. 천정 조명과 벽장식을 비롯한 인테리어들이 고급스러움을 풍기도록 설계되었으며, 화려함과 럭셔리함이 조화를 이루어 미국에 사는 필자도 위압감이 들 정도였다.

1층 대중식당은 '남방짜장'이 인기

1층 현관의 회전문을 들어서면 황홀한 샹들리에와 대형 꽃병들이 홀 입구에 비치되어 있다. 무엇보다 먼저 눈에 띄는 것은 김정일 국방위원장이 관저에서 런닝 셔츠 차림으로 튀김요리를 하는 사진이다. 개관 당시에는 없었는데 최근에 가보니 커다란 액자에 담겨 걸려 있었다.

현관 홀을 중심으로 1층 좌우에 슈퍼마켓이 자리 잡고 있고, 그 옆은 대중식사실이다. 아무래도 손님들이 가장 즐겨 찾는 곳은 이곳 대중식사실이다.

100명 정도가 먹을 수 있는 공간이 갖추어져 있다. 개관 당시 사각 테이블과 의자였던 것이 최근에는 실내 전체를 원탁 테이블과 의자로 바꿨다. 소고기비빔밥과 김치볶음밥, 닭고기비빔밥을 비롯해 메밀랭면, 남방짜장면을 주문할 수 있었다. 그 밖에도 부담없이 먹을 수 있는 여러 가지 평범한 요리들을 제공했다.

어느 날 이곳을 찾은 우리 일행은 '남방짜장'이라는 메뉴를 주문해 먹어 보았다. 이름이 매우 흥미로워서 맛이 궁금했다. 서울의 중국집에서 맛보는 짜장면과는 면발과 장맛이 완전히 달랐다. 훨씬 맛이 부드럽고 특이해 깊은 맛이 있었다. 함께 주문한 김치볶음밥도 이남식과는 맛이 달랐다. 김치가 많이 들어가고 고소한 맛이 특징이었다.

식당을 나온 우리는 슈퍼마켓을 둘러 보았다. 유럽과 동남아시아를 비롯한 여러 나라의 다양한 가공식품과 고기, 수산물, 우유 제품, 과일즙, 과자, 버섯류, 콩류, 술 등이 판매되고 있었다. '낫토'라는 일본 식품은 물론 미국산 씨리얼과 미국 아동들이 즐겨 먹는 '리츠' 과자도 보였다. 초콜릿, 음료, 다과 외에도 야채, 과일, 육류, 수산물 같은 각종 식품이 고루 진열되어 있어, 일반 가정에서 필요한 식품은 무엇이든 구입할 수 있었다.

—— 해맞이식당 1층 마켓 과일 코너에서 물건을 고르는 손님들.

봉사원의 말에 의하면 야채는 모두 북에서 기른 것이다. 그리고 1,2층 식당에서 사용하는 재료들은 모두 이곳 마켓에서 구입해 사용한다고 한다.

마켓 한켠에서는 소세지구이(핫도그)를 판매하고 있었다. 강냉이

튀기(팝콘) 제조기가 설치되어 있어 한 봉지씩 사갈 수 있었으며, 음료수 간이판매대도 눈에 띄었다. 반찬 판매 코너에서는 요리사들이 직접 초밥 등을 만드는 모습을 손님들이 볼 수 있게 했으며, 외국산 식료품을 맛볼 수 있는 무료 시식 코너도 있었다.

평양 시민들뿐 아니라 평양에 주재하는 외국인들과 관광객들이

—
요리복을 입고 수제 빵을
만들고 있는 여성 제빵사들.

이용하는 모습도 보였다. 평양 시민들의 하루 일과가 끝나는 저녁 5시 이후에 손님이 많이 찾는다고 한다.

1층 마켓 입구 손님들의 눈에 가장 잘 띄는 곳에는 베이커리 코너가 자리하고 있었다. 각종 빵과 생과자들이 유리 덮개 속에 들어

있었으며, 점심시간이 끝날 무렵이면 물건들이 거의 다 팔려 새로 채워 넣는다고 한다.

2층 고급 요리식당 메뉴 가격은 생각보다 저렴

엘리베이터와 나선형 계단을 이용해 2층으로 올라가면 홀을 마주하고 단체 식사방들과 커피점이 나타난다.

식당은 외국의 특색 있는 요리만 전문으로 취급하는 푸드 코트로 구성되어 있다. 조선식, 일본식, 미국식, 서구식 등 메뉴가 다양했다. 피자, 스테이크, 샌드위치는 물론 생선회, 샤브샤브 등이 판매되고 있었다. 가격이 생각보다 비싸지 않아 가족, 연인 단위로 레스토랑을 찾는 평양 시민들의 모습이 제법 눈에 띄었다.

식당의 공간은 대중식사방 형태의 큰 홀이 아니라 모두 소그룹 단체 식사방뿐이었다. 주로 8인실과 10인실 규모의 방을 여러 개 갖추고 있었다.

넓은 조리실 주방은 청결하고 고급스러웠다. 요리사들은 맵시 있는 요리사 복장을 갖춰 입고 매너와 절도를 지키며 요리 봉사에 열중했다. 복도를 부지런히 왔다 갔다 하는 요리사들도 간혹 눈에 띄었다.

우리 일행은 2층 식당에서 생선회와 일식요리를 주문했다. 봉사

— 주문을 받고 요리에 열중하는 2층 전문요리점 주방의 요리사들.

원의 안내에 따라 고급스러운 8인실 단체방으로 들어갔는데, 일본식 다다미방처럼 바닥에 앉아 테이블 아래 움푹 패인 곳에 다리를 집어넣게 되어 있었다.

메뉴판을 이리저리 살펴보며 주문을 받는 여성 봉사원에게 요즘 손님들에게 인기 있는 메뉴가 어떤 음식인지 물어보았다. 여성 봉사원은 생전 처음 들어보는 '철판버거후추비빔밥'과 '소꼬리슈트'라고 대답했다.

생선회는 매우 신선했다. 서울이나 일본에서 먹어본 생선회와 크게 다르지 않았으며, 매운탕을 끓여주는 방식도 동일했다.

가장 먼저 일식요리에 맞는 샐러드가 나왔다. 향이 좀 특이했지만 맛이 아주 좋았다. 초밥과 튀김요리 등도 매우 맛깔스러웠다. 생선회는 돛단배를 형상화한 화려한 그릇 장식과 함께 테이블 위에 올라왔는데, 그 자체가 예술품처럼 보였다. 밑반찬(쯔끼다시)으로 제공되는 음식들도 매우 정갈하고 정성스러웠다. 하나같이 창의적인 조선식 음식들이었다. 일행 7명이 맛있게 실컷 먹고도 미화 200 달러도 채 안되는 가격을 지불했다.

고급 커피와 클래식 음악을 들으며 창전거리를 감상하다

고급스런 인테리어와 조명으로 단장된 2층 커피점에 도착하니 머리에 시계를 이고 있는 선녀상이 창가에 서 있고, 그 옆에는 피아노가 한 대 놓여 있어 분위기를 돋우어주었다. 앉아 있는 동안 귀에 익은 클래식 서양음악들이 잔잔히 흘러 나왔다.

주문대에 가보니 일반 커피 이외에 카페라테, 카푸치노, 에스프레소, 아메리카노, 모카커피 등 다양한 커피 메뉴가 제공되었다. 커피뿐 아니라 샌드위치와 빵 종류도 판매했다. 커피를 내리는 에스프레소기 브랜드는 이탈리아 제품들이었다.

이북 사람들은 이곳 커피점에 가면 '손님들은 은은한 조명 아래 클래식 음악을 듣고 케이크 한 조각이나 과자 등을 곁들여 그윽한 향기의 커피를 마시며 창문 밖의 창전거리 풍경을 감상할 수 있다'고 말하곤 했다. 그 말은 사실이었으며 오히려 그보다 훨씬 분위기가 좋았다.

슈크림에 바닐라빈이 박힌 빵, 애플과 생크림 크로와상, 브라우니 베이커리 등 고급스런 제빵, 제과들을 해맞이식당 커피점에서 언제든지 주문할 수 있다는 것이 실감 나지 않았다. 마치 빌딩숲에 둘러싸인 미국 로스앤젤레스 월셔가의 어느 카페에 앉아 있는 듯한 착각이 일어났다.

칵테일과 오렌지 아이스크림을 먹는 손님들이 여기저기 눈에 띄었고, 카푸치노를 주문하는 손님도 3명이나 보았다. 젊은 여성 네 명은 시원한 병맥주를 테이블 위에 올려놓고 한 모금씩 마시며 수다를 떨고 있었다.

1층이나 2층에서 외식을 하고 2층 커피숍을 찾아와 커피를 마시는 경우도 있지만, 식당을 거치지 않고 곧바로 커피점을 찾는 젊은 이들이 대부분이라고 한다. 그래서 그런지 젊은 연인들이나 친구들끼리 오순도순 이야기를 나누는 모습이 많았다. 평양의 일반 남녀 청년들이 브라우니 베이커리와 함께 카푸치노를 마시는 모습은 새로울 것이 없는 보편적인 문화로 정착되어가고 있다.

커피점에서는 커피뿐 아니라 혼합주(칵테일)도 인기가 높다. 케이크 종류만 20여 가지나 되는데, 저녁 8시경이면 모두 팔린다고 한다. 대부분의 고객들은 청년들이지만 간혹 업무 때문에 손님을 만나는 듯한 중년들의 모습도 눈에 띄었다.

필자는 눈썰미가 몹시 예민한 편이다. 그런데도 이곳을 찾는 청년들의 얼굴과 외모에서 이젠 서울과 평양의 차이를 따로 구분할

—— 해맞이식당 커피숍에서 담소를 나누는 손님들.

수 없을 정도가 되었다는 것을 체감했다. 오히려 평양 청년들의 얼굴 표정이 더 여유 있고 알 수 없는 의지가 넘쳐 보였다.

　이곳 해맞이식당이나 해당화관을 찾는 손님들은 아직까지는 외화를 소지한 구매력을 갖춘 주민들과 외국인, 해외동포 들이라고 볼 수 있다. 그러나 병진노선의 힘든 여건에서도 이북 경제가 매우 좋아지고 있고, 주민들의 생활수준이 향상된 것만은 틀림없다.

　머지않아 더 많은 일반 인민들과 평양 시민들이 부담없이 이곳을 찾는 날이 올 것으로 전망된다.

3.

종합봉사시설
해당화관을 찾다

종합봉사시설로 건립된 '해당화관'을 찾다

일행과 함께 고급스런 식당들이 새로 문을 연 평양의 '해당화관'을 찾았다. 해당화관은 그동안 세 차례 들른 적이 있다.

해당화관의 위치는 행정구역상으로 평양시 동대원구역에 속한다. 평양 시내 동쪽 대동강변 부근이다. 건물용도는 종합봉사시설(서비스업)로 지어졌다. 가는 도중에 주변을 보니 류경원, 평양볼링장, 롤러스케이트장, 동평양대극장, 김일성화전시장 같은 건물이 해당화관 가까운 대로변에 위치하고 있었다.

'해당화관'은 6층짜리 건물로 2013년 5월에 문을 열었다. 필자가 처음 방문한 때는 개관한 지 1년쯤 지난 뒤였다.

길거리에서 바라본 해당화관은 외형부터 매우 특색 있고 고급
스러웠다. 건물 정면에는 고층빌딩용 전광판이 부착되어 있어, 국
가홍보 영상물은 물론 스포츠 중계 등이 방영되고 있었다. 건물 전
면부의 대부분은 유리로 마감되어 있었다. 건물 설계와 시공에 많
은 공력을 들인 현대적 건축물로서 고급 백화점 못지 않은 복합상
업시설로 보였다.

— '해당화관' 본관과 주변 거리. 2구 신호등이 이채롭다.

1층 현관으로 들어서니 그동안 가본 평양 시내 다른 건축물들과
는 분위기가 사뭇 달랐다. 고급 내장재를 사용한 호화로운 인테리
어가 특징이면서도 전체적으로 심플하고 매우 격조가 있었다. 조
선 고유의 분위기를 연출하기 위해 목재나 자연을 소재로 컨셉을

잡았기 때문에 보는 이들의 마음을 푸근하게 해주었다. 마치 우리의 전통 조형예술을 보는 듯한 착각마저 들게 했다. 위생실(화장실) 같은 경우는 고급호텔 화장실보다 더 럭셔리했다.

지하 1층, 지상 6층으로 이루어진 해당화관 건물 안내도에는 '부지 면적이 1만 평방미터이며 연건축면적은 1만 7,700평방미터'라고 쓰여 있었다.

건물 외부에서 현관 입구로 들어가는 회전문 위에는 김정은 위원장이 현지 지도했다는 기념동판이 부착되어 있고, 1층 식당 앞에도 김정은 위원장이 현지 지도할 때 식사한 방이라는 표시를 해두었다.

두 개층 식당가에서 나오는 요리 종류는 모두 200여 가지

해당화관은 공공장소나 사적지가 아니라서 해설사나 건물을 안내하는 봉사원이 없다. 그래서 기회가 날 때마다 스스로 이리저리 다니며 건물 구경을 할 수밖에 없었다.

일행들과 함께 식사를 할 수 있는 단체방을 잡아놓고 메뉴를 주문한 후에 슬그머니 빠져나와 음식이 나올 때까지 내부 구경을 하곤 했다. 6층까지 올라갈 때는 4면이 모두 투명 유리로 된 엘리베이터를 이용하고, 내려올 때는 나선형 계단을 통해 걸어 내려오면서 시설물들을 살펴보았다.

1층과 2층에는 식당이 자리 잡고 있었다. 복도를 지나던 길에 마침 지배인 역할(책임자)을 맡고 있는 류선생을 만나 잠시 해당화관에 대한 설명을 들을 수 있었다.

—— 원탁 테이블이 자리하고 있는 2층 단체방.

식당에서 나오는 음식의 종류를 물어보니 조선요리(한식요리)와 세계 각국의 다양한 요리를 합쳐 모두 180가지나 된다고 한다. 게다가 메뉴가 추가로 더 개발될 예정이어서 이것저것 합하면 모두 200여 가지에 이르게 된다고 해서 사뭇 놀랐다. 모든 메뉴는 언제라도 주문 즉시 요리할 수 있도록 만반의 준비가 되어 있다며 자랑하였다.

"우리 해당화관은 경외하는 김정은 원수님의 지도와 온정으로 탄생하게 됐습니다. 현지 지도를 오셔서 '우리 모든 인민들이 다시는 허리띠를 조이지 않고 사회주의 부귀영화를 마음껏 누리게 하자'고 말씀하시면서 매우 만족해 하셨습니다."

—— 2층에 있는 철판구이점. 철판구이는 해당화관의 으뜸 요리로 꼽힌다.

"여기는 누가 관리하고 운영하는 겁니까?"

"아시다시피 해당화관은 그동안 쭉 해외에서 운영되다가 이번에 우리 평양에서도 처음으로 문을 열게 된 것입니다. 내각의 '해당화봉사관리소'에서 운영하고 있습니다."

"6층 커피점에 올라가 보니까 24시간 문을 연다고 쓰여 있던데 밤중에도 손님들이 찾아옵니까?"

"그럼요. 밤에도 손님들이 제법 있습니다. 해당화관 개시 이래 많은 시민들과 해외동포, 외국인 손님들이 연이어 찾고 있습니다."

5층 엘리베이터에서 내려 김정일 국방위원장의 사진 헌화대 옆을 지나 계단을 오르면 6층 커피숍이 나온다. 계단 입구에는 '커피점은 24시간 봉사합니다'라는 팻말이 붙어 있었다. 커피점 봉사원의 말에 의하면 '해당화관 식당들은 오전 10시부터 밤 12시까지 문을 열며 전화 예약도 가능하다'고 했다.

1층에서 6층까지의 시설물을 살펴보다

1층에는 안내소 겸 음식값을 계산하는 카운터가 자리하고, 단체 식사룸이 8개 갖추어져 있었다. 또한 백화점식의 고급 상점이 들어서 있는데 해외 명품은 물론 이북산 제품들도 눈에 띄었다.

2층에는 철판구이점을 비롯한 식당이 자리 잡고 있다. 그리고 럭셔리한 원탁 테이블로 구성된 고급 단체방이 2곳, 아담한 단체 식사룸이 10곳을 헤아린다. 철판구이점에는 8대의 철판구이대가 마련되어 있는데, 배치된 담당 요리사가 손님들 앞에서 마술과도 같은 현란한 손동작과 특유의 테크닉을 발휘하며 철판구이를 해준다.

2층에 있는 단체 식사룸들은 방 이름이 모두 해당화, 철쭉, 들국화, 민들레, 백일홍과 같은 꽃 이름으로 지어졌다. 인테리어 역시 전통 꽃문양의 분위기가 살아나도록 장식했으며, 거기에 걸맞도록 매우 특이한 모양의 새 둥지, 버드나무 열매 등을 형상화한 조명이 설치되어 있었다. 하나같이 천정, 벽면, 바닥이 개성 있게 만들어졌는데, 민족 고유의 색채와 현대미를 배합해 화사한 분위기를 연출하고 있었다.

—— 3층 물놀이장(수영장). 널찍한 수영장 한쪽의 인공폭포(덕수터)가 눈길을 끈다.

3층에는 다양한 형태의 목욕탕을 갖추고 있었다. 인체를 맛사지하듯 폭포처럼 물줄기가 떨어지는 인공폭포(덕수터)까지 갖춘 수영장(물놀이장)이 널찍하게 자리 잡고 있었다.

4층에는 갖가지 한증막, 휴게실, 청량음료 코너, 체력단련실, 탁구장, 당구장, 이발실, 미용실, 안마실 등이 자리하고 있었다. 피부관리숍이라고 볼 수 있는 미안실(얼굴 피부 미용실)이 가장 눈에 띄었다. 이남이나 미국의 고급 스파나 찜질방과 유사한 형태인 '한증방'도 갖추고 있어서인지 이날은 4층이 손님들로 가장 붐볐다.

5층에는 요리 전문 도서관이 마련되어 있었다. 요리와 관련된 전자도서 열람실, 강의실은 물론 요리를 배우는 사람들을 위한 실습실 등이 갖추어져 있다. 맨 꼭대기 층인 6층에는 아담한 커피점이 들어서 있었다.

이런 대단한 용도의 건물이 전력 에너지 부분에서 어떤 식으로 돌아가는지 몹시 궁금했다. 알아보니 처음부터 지열수를 사용하는 냉난방 시스템으로 설계되었다고 한다. 지열이기 때문에 건물 내부 온도가 항상 적정선을 유지할 수 있으며, 지열을 이용해 데운 물은 목욕탕과 식당으로 보내 요긴하게 사용된다. 전력사정이 안 좋은 상황에서 좋은 아이디어로 생각되었다.

해당화관을 찾은 고객들은 먼저 목욕탕이나 물놀이장에서 즐긴 후 아래층으로 내려와 푸짐한 식사를 하고 1층 상점에서 상품을 구매하도록 설계된 듯했다. 다행히 각 층마다 손님이 붐비는 것을 보니 쇼핑과 식사를 일체화한 전략이 맞아 떨어진 듯했다.

단체 식사룸을 잡고 점심식사를 주문하다

우리 일행은 봉사원의 안내에 따라 음식을 주문하기 위해 1층의 단체방을 잡았다. 실내 분위기는 고려호텔, 양각도호텔 식당과는 비교가 되지 않을 정도로 고급스럽고 럭셔리했다. 방안 공기도 쾌적하고 신선했다.

식사를 즐기며 노래를 부를 수 있도록 노래방 시설까지 갖추고 있었다. 노래를 부를 때는 천장에 달린 사이키 조명이 빙글빙글 돌아가며 다양한 무늬들을 발산했다.

'해당화관'에 견줄 수 있는 식당은 평양 시내에서는 아마도 '해맞이식당' 정도인 듯했다. 일행들은 다양한 메뉴를 제각기 주문했으며, 함께 먹을 수 있는 요리도 별도 주문했다. 냉면 마니아인 필자는 해당화관에 와서도 냉면이 먹고 싶어 '쟁반냉면'을 주문했다. 순식간에 다 먹어치운 후에는 미련이 남아 '녹차냉면'까지 추가 주문했다.

— 필자가 추가로 시킨 '록차랭면'.

모든 실내 봉사원들은 조선옷(한복)을 곱게 차려 입었으며, 음식 주문을 받는 봉사원도 화사한 색깔의 옷을 입고 들어왔다. 봉사원의 손에는 미국에서도 보기 드문 액정화면이 딸린 '전자 주문기계'가 들려 있었다. 우리가 주문한 음식을 곧바로 터치해 입력했다.

메뉴판을 펼쳐보니 조선말과 영어, 중국어(한문)로 표기되어 있었다. 평양 시내 식당들의 음식 가격은 외국인들과 해외동포 고객들을 위해 유로화를 공식 외화가격으로 표시하는데, 어찌된 영문인지 이곳 해당화관은 이북 화폐로만 가격이 적혀 있었다.

전반적으로 고려호텔과 비슷하지만 고려호텔보다 약간 더 저렴

—— 고급스런 고명을 얹은 해당화관의 '쟁반랭면'.

한 음식도 있었다. 가격에 대해 이것저것 질문을 하자 봉사원은 친절하고 차분하게 설명해주었다.

"저희 해당화관에서 제공하는 모든 료리들은 우리 인민들의 구미에 맞게 100% 독자적으로 개발한 것입니다."

"가격이 상당히 비쌀 거라고 생각했는데 의외로 저렴한데요?"

"꼭 그렇지만은 않습니다. 고급 료리들의 경우 그 자재들은 해산물과 사슴, 자라, 철갑상어알 등을 사용하기 때문에 가격도 다른 봉사 단위(가격)에 비해 전반적으로 높게 설정되어 있습니다. 그 대신 우리 식당에서만 창조한 특색 있는 료리들이라서 먹어본 손님들이 모두 아주 만족하고 있습니다."

우리 일행은 북측 관리, 안내원, 운전기사와 함께 덕담을 나누며 맛있게 식사를 마쳤다.

식사를 끝낸 후 화면반주기(노래방기계)를 이용해 저마다 노래 한 곡조씩 뽑기로 했다. 미국이나 이남에서는 노래방은 간혹 밤에만 가보았다. 대낮에 노래를 부르려니 좀 어색하기도 했지만 나름대로 재미가 있었다.

노래 목록 가운데는 북측에서 계몽가요로 분류한 가요들 중에 남에서도 즐겨 부르는 홀러간 가요(북측 용어 계몽가요)가 여러 곡 들어 있었다. 매우 흥미로웠다.

철판구이점은 시민들과 외국인, 동포 기업가들도 이용

일행은 식사를 마친 후 필자의 손에 이끌려 2층 철판구이점을 잠시 둘러보았다. 해당화관은 뭐니 뭐니 해도 철판구이요리가 가장 으뜸으로 소문난 곳이고 볼거리가 많았다.

점심에는 저녁보다 손님들이 적다고 하는데도 손님들이 제법 들어차 있었다. 몇몇 방문객들과 손님들은 철판요리하는 모습을 모두들 어린아이처럼 신기한 듯 바라보며 시선을 뗄 줄 몰랐다.

철판구이점의 구이틀은 일반 철판의 서너 배 크기였다. 이남과 미국의 고급 식당에서는 어렵지 않게 볼 수 있지만, 이북에도 이런 대형 철판구이 식당이 등장한 것이 마냥 신기했다. 가로 2미터, 세로 1미터쯤 되는 직사각형 모양의 대형 철판 8개가 조명을 받아 번쩍거리며 손님들의 눈을 압도했다.

철판 한가운데는 주문 받은 고기가 놓여 있고, 머리에 흰 모자를 쓰고 단정하게 요리사 복장을 차려 입은 요리사들이 열심히 구이 음식을 만들고 있었다. 고기가 먹음직스럽게 익어갈수록 요리사는 후춧가루통과 소금통을 들고 현란한 손동작으로 묘기를 부리며 뿌려댔다.

모두 군침을 삼킬 수밖에 없었다. 잘 익은 고기와 함께 와인을 곁들이는 일부 고객의 모습도 볼 수 있었다.

철판구이 코스 요리는 새우, 도미를 비롯한 해산물과 소고기, 돼지고기 등 다양했다. 손님들은 자신의 취향대로 주문할 수 있다. 코스 요리의 가격대는 기본이 3가지로 정해져 있었다. 중간 가격대의 요리는 미화로 50달러 남짓이었다.

평양에도 소비 계층이 다양하다

철판구이점뿐 아니라 2층 식당가에는 점심시간이라 손님들이 북적거렸다. 그동안 필자가 직접 살폈듯이 김정은 위원장이 취임한 이후 이북의 경제 형편은 상당히 향상되었으며 생활수준도 급속히 높아졌다.

그러나 이북의 평균 소득을 고려해볼 때 일반 시민들이 해당화관 철판구이점에서 식사를 하거나 쇼핑하기에는 좀 부담스러울 것으로 느껴졌다. 그런 까닭에 이곳에 와 있는 손님들은 도대체 어떤 사람들인지 사뭇 궁금했다.

이곳 평양도 자신들의 직업이나 소득에 따라 소비하는 계층이 다양하리라고 여겨진다. 아무래도 외국에 친척이 있는 사람, 외무성이나 무역성에 다니는 사람, 혹은 북에 상주하는 해외동포 기업가들과 평양 주재 외국인 등이 이런 철판구이를 먹을 수 있는 기회가 많은 듯이 보였다.

하지만 평양에 있는 고급 백화점이나 해당화관, 해맞이식당 같은 곳이 외부에 보여주기 위한 전시용이라느니 부자들과 특권층만 가는 곳이라느니 하는 말은 근거가 희박하다.

그동안 해당화관을 세 차례 방문했다. 직접 목격한 바로는 인민들 누구에게나 열려 있고 신분에 상관없이 자신의 분수에 맞는 재정력만 있으면 와서 먹고 마시고 쇼핑하며 즐길 수 있는 장소였다.

이북은 고위직이나 지도층이라고 해서 돈을 축재하고 흥청망청 쓰는 사회가 아니다. 오히려 고위층들은 이런 곳을 오고 싶어도 쉽게 올 수 없을뿐더러, 능력이 된다고 해도 출입을 절제하고 양보하는 상황으로 보였다.

—— 호텔보다 더 럭셔리하게 꾸며진 해당화관 화장실 내부의 2인용 세면대.

필자는 김기남 비서를 비롯한 고위 지도급 인사들이 국가행사 등을 할 때 버스를 이용해 단체로 이동하거나 검소하게 행동하는 것을 여러 차례 직접 목격했다. 또한 유엔 주재 이북 대사가 고려항공을 탈 때 일반 승객과 다름없이 말석에 앉아 있는 모습을 목격하면서 큰 충격을 받은 적이 있다.

지도층들이 인민 앞에서 손수 모범을 보이는 사회이며 거들먹거리거나 특권의식을 찾는 사회구조가 아니기 때문에, 지도층과 특권층만 사용하는 곳이라는 추측은 설득력이 없다. 평양의 대표적인 주민 편의시설로 지어진 해당화관의 원래 취지를 올바로 알아야 한다고 생각한다.

'료리는 과학이며 예술입니다'

해당화관 5층에는 큰 액자에 담긴 사진 한 장이 걸려 있다. 그리고 사진 밑에는 '료리는 과학이며 예술입니다'라는 금박으로 된 양각 글씨체가 적혀 있다. 사진과 글씨의 주인공은 다름 아닌 김정일 국방위원장이다.

5층 벽면에 단순히 사진만 걸려 있음에도 방문객이나 고객들이 사진 밑에 각종 꽃다발과 꽃바구니를 갖다 놓기 때문에 자연스레 헌화대처럼 보였다. 결국 사진 앞에 금줄로 선을 쳐 구별해놓았다.

거기까지는 그러려니 하다. 그런데 그 사진 속의 김국방위원장은 40대 정도의 젊은 연령으로 보였으며, 흰색 런닝 셔츠 차림으로 요리사 모자를 쓰고 열심히 튀김 요리를 하는 모습이었다.

　나는 그 사진을 보는 순간, 깜짝 놀랐다.

　'어, 저게 뭐지? 와~ 이건 완전 특종감이다.'

　불현듯 이 같은 생각이 스치는 순간 카메라를 들이댔다. 그런데
아뿔싸, 순식간에 경비원 청년이 달려와 촬영을 제지했다.

—— 김정일 국방위원장이 런닝 셔츠 차림으로 튀김 요리를 하는 사진이
　　해당화관 5층 복도에 걸려 있다.

　알고 보니 그 사진만큼은 사진 촬영을 엄격히 금지하고 있었다.
5층 엘리베이터에서 내리면 바로 좌측에 사진이 걸려 있다. 필자는
사진에만 눈길을 주고 있었기 때문에 책상에 앉은 경비원이 사진
을 촬영하지 못하도록 감시하고 있다는 사실을 몰랐던 것이다.

　나는 사진 촬영을 금지한 이유를 묻지 않았다. 그럴 만한 이유가

있을 것이라고 생각했다.

그러나 왜곡된 정보와 언론보도로 인해 이북 지도자들에 대한 이미지가 제대로 전달되기 어려운 남측과 서방세계에 오히려 사진 촬영을 허용해 인간적이고 가정적인 모습을 보여준다면 더 효과가 좋을 것 같다는 생각이 들었다.

필자도 권위적일 것만 같다고 생각한 김국방위원장의 서민적인 모습에서 신선한 충격을 받았듯이. 이제라도 북측이 사진 촬영을 공개하기를 바라는 마음이다.

나중에 평양 시내를 여기저기 다녀보니 이 사진과 똑같은 사진이 '해맞이식당' 1층에도 걸려 있었다. 관리들에게 사진에 대한 사연을 물어보았다.

"저 료리하시는 장군님의 영상(사진)은 우리 원수님(김정은 위원장)께서 평소에 아끼시고 소중히 모시고 계시던 것을 지난번 해당 화관이 개관할 때 친히 건물에 잘 모시도록 하사해주신 것입니다."

아마도 해당화관에 걸려 있는 사진이 원본이고, 그 외의 건물에 걸려 있는 사진들은 복사본인 듯 보였다.

4.

옥류관에서
다섯 가지 맛을 보다

평양냉면의 메카 옥류관을 찾다

오늘은 평양시 중구역 창전동 대동강 서쪽 강변에 자리 잡은 옥류관을 찾아 냉면과 간단한 요리들을 먹어보기로 했다. 옥류관이라는 간판은 대동강이 옥구슬처럼 흐르는 옥류교 옆에 있다고 해서 붙인 이름이라고 한다.

주차장에 도착하니 워낙 건물이 웅장해서 그 위용에 저절로 압도되었다. 줄을 서서 자유분방하게 기다리는 수많은 시민들의 모습에 다시 한 번 놀랐다. 그렇지 않아도 평소 냉면 마니아인 필자는 몇 차례 방북했을 때마다 이곳을 반드시 방문했으나, 오늘 따라 평양냉면 맛을 다시 볼 수 있게 되어 마음이 들떠 있었다.

—— 옥류관 조명과 주체탑 조명이 조화를 이룬 평양시 야경.

이날도 평양 시민들이나 일반주민들은 예외 없이 본관에 입장하기 위해 줄을 서서 장사진을 이루었으며, 손님 가운데는 단체손님들도 꽤 있어 보였다.

그러나 나 같은 해외동포들은 줄을 서서 기다리지 않도록 별도의 출입문으로 입장하도록 배려하고 있었다. 안내원을 따라 쉽게 입장하려니 줄을 서서 기다리는 시민들에게 마치 새치기라도 한 것처럼 송구하고 민망한 생각이 들었다.

안으로 들어서자, 고려호텔 식당 TV에서(아마 비디오테이프를 반복해서 틀어주는 듯) 자주 보던, 〈평양랭면 제일이야〉라는 노래가 복도의 TV에서 계속 흘러나왔다.

하루 육류 소비량 2톤, 냉면 판매량 12,000그릇

안내에 따라 식당 안에 들어서니 화려하면서도 단아한 샹들리에 불빛 아래 천연보석과도 같은 바닥 장식에 눈길이 갔으며, 무대와 사방 벽면에는 대형 풍경화가 그려져 있어 보는 이들의 눈이 휘둥그레질 정도이다. 건물 외부는 물론이고 내부도 민족 정취가 풍기는 건축 미학을 적용한 듯했다.

식당 내부 홀 한편에는 옥류관의 역사와 유래를 한눈에 볼 수 있는 병풍식 홍보물을 만들어놓았다. 김정일 국방위원장은 옥류관을 '우리 민족요리의 원종장原種場'이라고 언급하였으며, 옥류관에 필요한 식자재 수급을 원활하게 해주기 위해 평양시 상원군을 '원자재 공급기지'로 지정했다는 내용들이 게시되어 있었다.

연회장에 이르는 복도 창가 쪽에는 작은 규모의 방이 여러 개 연결되어 있었는데, 점심시간대라서 그런지 방마다 손님들로 북새통을 이뤘다. 우리 일행이 안내된 곳은 계단을 통해 올라간 2층의 작은 방이었다. 주로 해외동포들이 이용하는 공간이다.

옥류관에서 만드는 음식 메뉴는 매우 다양했으며, 냉면과 온면 외에 코스 요리도 있었다. 코스 요리는 보통 9가지가 나오는데, 대략 차가운 음식부터 더운 음식 순서로 나왔다.

단일 요리 메뉴로는 대동강 숭어국, 송어회를 비롯해 철갑상어와 자라요리, 연어, 메추리, 왕개구리 요리에 이르기까지 상상을 초월한 음식 재료들이 눈에 띄었다. 일반 메뉴 항목에는 피자와 스파게티까지 들어 있었다.

매니저 역할을 하는 여성을 붙들고 물어보니 최근 이곳 주방에서 소요되는 육류 소비가 "하루에 2톤 가량이며, 하루에 내는 국수 그릇(하루 냉면 판매량)이 12,000" 정도라고 한다. 참으로 엄청난 소비량이다.

—— 테이블에 둘러 앉아 가족끼리 식사하는 모습.

여성은 100그램, 남성은 200그램

역설적인 이야기지만 이북 음식문화에서 냉면의 정체성은 겨울철 음식이라고 한다. 워낙 역철의 역사를 강인하게 살아온 우리 조상들이다 보니, 뜨거운 삼복더위엔 온돌에 불을 지펴 땀을 흘리며 개고기(단고기) 보신탕을 먹었듯이, 냉면도 마찬가지였다. 동지섣달 매서운 추위 속에서도 뜨거운 온돌에 자리를 잡고 뼛속까지 시원한 냉면을 즐겨 먹었다. 이런 전통은 주로 평안도 지방에서 유래되었다고 한다.

— 평양 명물 음식의 하나인 대동강 숭어국.

메뉴판에 적힌 냉면 값을 보니 200그램 '쟁반국수'와 '평양랭면'의 가격은 이북 돈으로 공히 560원, 유로화로는 4유로였다. 100그램 '쟁반국수'와 '평양랭면'의 가격은 모두 200그램의 절반(280원, 2유로)이었다. 이북에서 적용하는 환율과 화폐에 따른 정산 방식이

미국이나 이남과는 다르기 때문에 음식 가격이 비싼지 싼지에 대해서는 논하기 어렵다.

이처럼 옥류관에서는 같은 냉면 메뉴인데도 분량에 따라 주문을 달리해야 한다. 음식이 먹다 남는 것을 미리 방지하기 위해서이다. 남성들이나 대식가들은 200그램짜리가 적당하며, 여성들이나 소식가들은 100그램짜리가 적당하다. 그러나 나 같은 냉면 마니아는 300그램을 먹어도 성이 안 찬다.

─ 200그램 '쟁반국수(랭면)'.
입안을 휘감는 구수한 맛에서 50년 명성을 느낄 수 있다.

가장 먼저 나온 식탁 차림은 녹두지지미 빈대떡과 평양 물김치이고, 이어서 꿩고기를 비롯한 닭고기 국물 등으로 육수를 낸 메밀냉면을 놋그릇에 담은 쟁반국수가 나왔다. 일행 중 한 분은 쟁반온

반을 따로 주문했다. 옥류관 냉면을 쉽게 먹어볼 수 있겠느냐는 생각에 식탐이 발동해 나오는 대로 먹다 보니 곧 배가 불렀다.

—— 필자가 으레 추가 주문하는 100그램 '평양랭면'.

냉면 맛을 제대로 음미하려면 단숨에 들이켜야

책임 있는 관료 한 분이 냉면을 좋아하는 나를 볼 때마다 냉면 먹는 방법에 대해 이것저것 자주 알려주었다.

"원래 우리 조선에서는 랭면을 먹을 줄 아는 사람들은 단숨에 먹습니다."

"단숨에 먹다니요?"

"랭면 맛을 제대로 음미하려면 국수오리를 한 번도 끊지 말고 쉬지 않고 목구멍에 넣어야 합니다."

그분 말에 의하면 평양냉면 맛을 제대로 음미하려면 '국수오리'(냉면 면발)를 쉬지 않고 목구멍으로 집어넣어야 한다는 것인데, 도무지 그 말뜻이 지금도 솔직히 이해가 안된다. 이북에서는 냉면 면발이나 냉면 사리를 '국수오리'라고 불렀다. 냉면을 연속적으로 목구멍으로 집어넣으라는 말이다.

씹는 듯 마는 듯, 그릇을 모두 비울 때까지 단숨에 목구멍 안으로 집어넣는 거야말로 폭식이지 어째서 맛을 음미한다는 것인지 도무지 이해가 안 갔으나, 그분은 내 앞에서 그와 같은 방식으로 단숨에 냉면을 먹어 치웠다. 그러고는 그 맛을 음미하는 듯했다.

역시 고구려의 후예답게 음식 하나에도 철학이 담겨 있는 듯했다. 이곳 평양에서 해외동포들을 담당한 공식 안내원들은 웬만하면 옥류관 냉면에 대해서는 박사급들이다.

안내원들은 자신들이 마시고 싶은 술을 주문하는 방법을 애교 넘치게 했다. 소주 한두 병을 일단 주문부터 한 후에 다음과 같이 너스레를 떤다.

"일단 한 잔 쭈욱 들이켜시면서 음식을 기다리는 것이 랭면을 제대로 즐기는 첫 단계입니다."

아무튼 안내원들의 가르침에 의하면, 냉면을 맛있게 먹으려면 우선 냉면 면발에만 식초를 뿌려야 한다(냉면 그릇에 식초를 뿌려서는 안된다). 냉면에 올린 고명을 무너뜨린 후 젓가락으로 냉면 뭉치를 대각선으로 찔러 건져 올려 그릇에 걸쳐놓아야 하며, 이때 젓가락을 십자가 형태로 벌려놓으면 된다.

그리고 면발에만 식초를 친 후에 적당량의 겨자를 육수에 넣고 풀어준 후 먹기 시작하면 된다. 먼저 육수 한 모금을 쭈욱 들이켜 맛을 본 후에 면발을 골고루 말아서 먹으면 되는 것이다. 식초를 친 후 면발을 뒤집으면서 젓는 방법은 의외로 쉬웠다. 냉면을 맛있게 먹는 마지막 과정은 냉면 말기를 잘해야 한다. 평소 미국이나 이남에서 냉면을 먹을 때 아무 생각 없이 후루룩 먹어 제치는 습관 때문에 아직은 이 방법이 익숙하지는 않았다.

— 면발에만 식초를 치기 위해 젓가락을 대각선으로 찔러 냉면을 건져 올린 모습.

옥류관에 가면 다섯 가지 맛을 봐야

음식을 기다리면서 일행과 담소를 나누고 있는데, 다른 일행을 안내하는 인텔리 풍의 안내원이 옆 테이블에서 시원시원하게 큰소리로 말하는 소리가 귀를 솔깃하게 했다.

나는 테이블 너머로 그와 대화를 주고받았다.

"옥류관에 오시면 도착하자마자 일단 '국수(랭면) 맛'을 봐야 합니다. 그 다음에는 이것저것 먹고 나서 소화도 시킬 겸해서 대동강이 보이는 난간(테라스)으로 나가서 대동강 '풍경 맛'을 봐야 합네다. 거기서 주체탑, 릉라도경기장, 옥류교 들을 배경으로 사진도 찍으시고, 담배도 한 대 피우시면 됩니다.

"아, 그러고 보니 그런 게 있었군요. 몰랐습니다."

"그런 다음에 세 번째로는 밖으로 나가서 옥류관 전체 건물 구경을 하면서 '건물 맛'을 봐야 합니다. 엄청난 크기의 건물을 구경하다 보시면 수령님과 장군님의 체취가 절로 느껴집니다. 그리고 옥류교로 이동해서 옥류교 아래에서 시원한 대동강 '바람 맛'을 보시면 좋습니다. 마지막으로 옥류관 우측에 있는 옥류약수터에 가서 약수 한 사발 들이키며 '약수 맛'을 보시면 됩니다. 그래야 옥류관의 다섯 가지 맛을 모두 맛보신 겁네다. 여기 사는 사람들도 그거 자세히 잘 모릅네다."

이날 나는 실제로 그 안내원의 말대로 옥류관 타운의 다섯 가지 맛을 모두 보게 되었다.

❶ 식당에서 평양냉면의 맛을 음미하다

나는 냉면을 워낙 좋아해서 처음에 200그램짜리 쟁반국수를 주문한 후 잽싸게 다 먹고 나면 다시 100그램짜리 평양냉면을 추가로 주문해 먹는다. 평양에 오면 옥류관 냉면은 두 그릇이 기본 아닌가. 배운 대로 적용하면서도 나만의 방식으로 천천히 먹으며 냉면 맛을 즐겼다.

냉면 위의 고명은 화려하지는 않지만 절제되고 정갈했다. 얇게 지져 채를 친 계란지단 아래 양념장이 얹혔고, 그 밑에는 배 한 조각과 오이, 김치가 올려져 있었다. 그리고 고기 수육이 놓이고, 맨 아래에는 배추절임이 놓여 있었다. 또한 잣도 몇 알 들어 있어 품위가 느껴졌다.

냉면은 남에서 먹어본 냉면에 비해 새콤달콤한 맛이 부족했으며 약간 덤덤한 느낌이었다. 육수도 첫 맛이 썩 맘에 들지는 않았다. 왜냐하면 미지근한 것은 아니었지만 그리 시원하다고 느낄 정도로 차갑지 않았기 때문이다. 또한 면발도 그리 쫄깃하지 않아 가위로 자르지 않아도 한 입 베어 물면 잘 끊어졌다. 평양에는 냉면을 먹을 때 면발을 자르기 위한 가위가 준비되는 법이 없다. 그러나 식감이 어딘지 달랐다. 면발에서 밋밋한 느낌도 아니면서 야들야들한 젤리 같은 식감이 느껴졌다. 뭐라 형언하기 힘든 깊은 맛이었다.

나는 면발에 식초 뿌리는 일이 귀찮아서 그냥 고명을 냉면 그릇 한쪽으로 밀어놓고 면발을 젓가락으로 높이 집어 올려 폭포가 흘러내리듯 식초를 살짝 흘려주었다. 면발은 남쪽의 유천냉면이나 일반 칡냉면처럼 칙칙하고 검은 색깔이다.

면발을 젓가락으로 휘감아 한 입 베어 물면 새큼한 맛이 느껴지며 동시에 달달하면서도 짭짤한 맛이 입안에 감돈다. 이때 육수를 한 모금 쭉 들이켜면 냉면 맛이 완벽한 조화를 이루는 듯 감칠맛이 난다. 이래서 모두들 옥류관 냉면의 매력에 빠지는가 보다.

육수는 알려진 대로 때에 따라 소고기, 닭고기, 돼지고기를 기본으로 하며, 거기에 꿩고기를 더해 푹 우려낸다고 한다. 면발과 육수가 입안과 목구멍에서 만나면 구수한 향이 올라와 입안을 휘감는 듯하다. 오늘의 옥류관 냉면 맛은 50년 명성 그 이상이었다.

❷ 발코니에서 대동강 풍경을 맛보다

우리 일행은 식사를 마친 후 대형 홀을 거쳐 대동강 쪽으로 나 있는 커다란 문을 열고 난간으로 나갔다. 테라스와 발코니 역할을 하는 이곳으로 나오니, 옥류관 건물은 정면에서 보는 것보다 더 웅장했다.

뒤쪽에서 보는 건물의 느낌은 매우 달랐다. 대동강 풍경과 어우러져 마치 한 폭의 그림처럼 아름다웠다.

　나는 난간과 커다란 기둥에 기대선 채 무심코 흘러가는 대동강을 바라보며 조선시대의 봉이 김선달 이야기를 떠올렸다. 또한 해방정국과 6·25전쟁 등을 생각하니 역사의 소용돌이가 파노라마처럼 스쳐 지나갔다.

—— 후식으로 나온 아이스크림.

　지금은 해당화관과 해맞이식당을 비롯해 고급식당들이 우후죽순처럼 생겨나기 시작했지만, 그동안 평양 시민들의 고급 외식 코스나 손님 접대장소로 자주 이용된 옥류관은 곧 이북 외식 문화의 상징으로 일컬어져왔다. 외국인과 해외동포 가운데 주요 인사들이 옥류관을 방문하면 이 테라스로 안내해 구경시켜준다고 한다.

방북할 때마다 빠짐없이 이곳을 들르지만 오늘 따라 대동강과 그 주변의 풍광들이 두 눈에 한가득 새로운 풍경으로 느껴졌다. 일행들과 난간에 걸터앉아 대동강과 평양 시내를 배경으로 사진 몇 장을 찍으며 시간 가는 줄 모르고 담소를 나누었다. 멀리 능라도경기장을 비롯해 발전된 평양 시가지를 한눈에 보는 것만으로도 안구가 정화되는 느낌이었다.

❸ 옥류관 건물의 위용을 맛보다

실내를 빠져나와 외부를 천천히 둘러보니 건물이 너무 웅장해서 다시 기가 질렸다. 좀 전에 내부 구경을 위해 여기저기 헤맬 때도 어디가 어딘지 미로처럼 구분이 안될 정도였다. 옥류관 본관은 전통식 합각지붕의 2층 건물이다.

일제강점기에서 해방된 지 16주년을 기념해 1961년 8월 15일 문을 열었다. 그 후 1988년 세계청년학생축전을 계기로 본관 좌우에 별관을 지어 두 날개를 단 듯한 현재의 모습이 되었다.

본관은 철근 콘크리트구조 2층 건물에 지붕은 조선식(한식) 기와를 얹은 소위 합각식으로 되어 있는데, 연건축면적 5,800㎡에 좌석이 2,200석이라고 한다. 청기와를 머리에 이고 있는 수십 개의 합각지붕에는 사찰이나 고궁에서처럼 서까래들이 부챗살처럼 미끈하게 휘어 올라갔다. 콘크리트로 지었다고는 믿기지 않았다. 총천

연색 단청과는 사뭇 다른 건축미를 보여 주었다.

1층에는 100여 석의 연회장이 두 곳, 40석짜리 중간규모의 단체 방과 소규모 단체방 6개 등 총 30여 개의 중소 연회장을 갖추었고, 2층에는 600석 규모의 대연회장이 있다.

별관은 1988년 9월에 준공했다는데 연건평이 7,000㎡나 된다고 한다. 옥류관은 지난 2008년에 다시 한 번 외장 공사와 경관 공사를 거쳐 현재의 모습으로 태어났다. 별관에도 대중 연회장과 대동강을 바라보며 식사할 수 있는 야외식당이 있는데, 이 곳에서만 1,400명을 한꺼번에 수용할 수 있다고 한다.

평양냉면도 세계가 탄복할 만한 맛이지만, 건물 자체도 우리 민족 고유의 고전미와 현대미가 결합되어 절제되고 단아한 맛을 풍긴다. 옥류관은 하나의 거대한 타운이며 별천지처럼 느껴졌다. 특히 야간 조명이 비치는 날이면 그 화려함에 발걸음이 떨어지지 않는다.

❹ 옥류교 아래서 대동강 바람을 맛보다

옥류관 건물 구경을 마친 우리 일행은 옥류교를 향해 걸었다. 1960년도에 건설되었다는 옥류교는 왕복 4차선이며 평양 중구역과 대동강구역을 잇는 역할을 한다. 다리 양측에는 주체사상탑과 옥류관 등이 보였다.

평양 시내에는 청류다리, 능라다리, 대동교, 양각다리, 충성의다리 등 많은 교량이 즐비하지만, 그중에서도 주변 풍광과 가장 잘 어울리는 다리가 바로 옥류교이다. 특히 유람선에 올라 타 바라보는 옥류교는 옥류관과의 조화미를 뽐낸다. 일행이 다리 아래를 거닐자 기다렸다는 듯 시원한 강바람이 불었다.

구슬처럼 푸른 강물 때문에 '옥류'라는 이름이 붙은 것은 짐작하겠는데, 안내원의 설명을 통해 '옥류'라는 말이나 '청류'라는 말이 모두 대동강을 일컫는 별칭인 것을 알게 되었다. 나는 속으로 '아, 그러고 보니 냉면 업계의 팽팽한 맞수인 옥류관과 청류관의 명칭이 결국 대동강을 지칭하는 거였구나'라는 생각을 했다.

"최선생님, 옥류교 바람이 어떻습니까? 아까 그 야외 난간에 서면 손에 닿을 듯한 거리에 이 다리가 놓여 있지 않았습니까? 열두 개 교각 밑에 구슬같이 맑은 물이 흐른다고 해서 옛 조상들이 만들어낸 이름인데 아무리 생각해도 이름이 아름답지 뭡니까? 제가 어렸을 때만 해도 평양에서 제일 큰 다리가 이 옥류교랍니다."

초가을 대동강 강바람은 오늘 따라 더욱 시원하게 느껴졌다. 대동강 강바람 맛이 고급 커피보다 더 향긋하게 느껴졌다.

❺ 옥류약수터에서 약수 한 대접을 맛보다

우리 일행은 옥류관을 나온 후 마지막 코스로 옥류약수터를 찾았다. 옥류관을 끼고 있는 야트막한 언덕배기를 올라야 했다. 대동강 강기슭 사이에 자리 잡은 옥류약수터는 옥류교와 옥류관 사이에 있었다. 건강에 좋고 질병 치료에 효험이 좋기로 유명한 약수터라니 한 모금 마시고 싶었다.

약수터 입구에는 '옥류약수는 평양의 자랑' '약수도 봉사도 제일'이라는 문구들이 여기저기 붙어 있었다. 옥류약수 봉사소에서 근무하는 여성 봉사원은 사뭇 진지한 표정으로 유래를 설명해주었다.

약수터 유래에 대한 설명 듣는데 무엇 때문인지 약수를 기다리던 주민들이 모두 쳐다보며 살며시 웃고들 있었다.

"많은 시민들이 찾아오시는데 약수가 끊기거나 모자라지는 않습니까?"

"하루 약수량이 $400\,m^3$이며, 칼륨, 나트륨, 칼슘, 마그네슘, 철이온, 염소이온, 수소탄산이온, 류산이온 등을 비롯한 많은 유용 광물 이온들이 포함되어 있습니다."

약수터 안에도 외부와 마찬가지로 '옥류약수는 최고의 명약' '삶의 기쁨과 활력, 기백을 돋구어주는 약수'라는 글자들이 나붙어 있었다.

"우리 몸에는 얼마나 좋습니까?"

"위, 십이지장, 소대장, 담낭, 취장, 방광, 간장 등 여러 질병 치료에 매우 좋습니다. 그뿐 아니라 만성위염, 위십이지장궤양, 만성간염,

—— 량각도호텔에서 내려다본 평양 시내 전경. 대동강 건너편 강가에 옥류관이 보인다.

가벼운 당뇨병, 철부족성 빈혈 치료에 아주 효과가 좋습니다."

"여기도 문을 열고 닫는 시간이 있습니까?"

"아침 6시부터 저녁 8시까지 정말 눈코 뜰 새 없이 바쁩니다. 문을 열자마자 평양 시민들만이 아니라 멀리 떨어진 지역에서도 많이 오기 때문에, 이곳을 찾는 숫자가 연인원 25만 명에 달하고 있습니다. 항상 문전성시를 이룹니다."

옥류관 타운 내에 자리한 약수터는 시민들의 건강에 많은 도움을 주고 있는 듯했다. 특히 사회에 기여한 어른과 약자들에 대해서는 정책적으로 배려한다고 한다.

"저희 봉사원들뿐 아니라 봉사조직(봉사단)이 별도로 있어서 항일혁명투사들과 국가영웅들과 공로자들, 영예군인(원로군인)들에게는 정기적으로 그분들의 집까지 약수통을 가져다주고 있습니다."

시민들이 약수터를 찾아와 불편을 느끼지 않도록 봉사조직을 갖추고 필요한 설비와 조건을 잘 갖추어놓고 있었다. 평소 동네 약수터에 익숙했던 나로서는 이처럼 체계 있게 운영하는 약수터가 마냥 신기했다.

"옥류약수는 밥물을 잡는 데 좋아서 밥을 하고 나면 밥에 기름기가 흐릅니다. 뿐만 아니라 김치를 담그는 데 약수를 쓰면 김치가 좋은 맛을 내고, 각종 요리에도 아주 그만입니다."

"약수의 용도가 이처럼 다양할 줄 몰랐습니다."

"뿐만 아닙니다. 평양 시내 여러 식당에서 국수나 빵을 만들거나 얼음과자(아이스크림)를 비롯한 갖가지 공장 음식을 전국에 있는 약수로 가공해 봉사해주고 있습니다."

안내원에게 물어보니 이북에는 이곳 외에도 하당약수, 강서약수, 유호동약수, 갈산약수, 삼마약수, 삼신약수, 고방산약수, 보통강약수, 학산약수, 구서약수 등이 있어 주민들이 항상 이용한다고 한다.

5.

양고기
꼬치구이점을 찾다

남북 주민들의 입맛을 모두 사로잡은 양 꼬치구이

그동안 양(羊)고기는 우리 민족보다는 해외 각국에서 사랑 받는 음식 재료였다. 특히 중국 각 도시에는 그 도시를 대표하는 브랜드 음식이 있는데, 신장 지방에서는 '양 꼬치구이'와 '양가죽 요리' 등이 대표 음식이라고 한다.

이북 주민들이 애용하는 양고기 요리 문화는 처음에는 신장을 통해 유입되었다고 한다. 지금도 중국 본토에서 중국인들뿐 아니라 조선족들도 즐겨 먹는다.

안내원, 기사와 함께 '양 꼬치구이'를 제법 잘한다고 소문난 평양 시내 중심부의 '해동식당'이라는 곳을 찾아갔다.

마침 내년이면 을미(乙未)년 '양의 해'라서 그동안 궁금했던 이북식 양고기 구이 맛을 보고 싶었다. '해동식당'은 평소 해외동포들과 이산가족 상봉 만남이 이뤄진 후 가족들이 헤어지기 전에 종종 식사를 하는 곳이며, 일반 평양 시민들도 즐겨 찾는 불고기 전문 식당이라고 한다.

—— 개선문 인근의 개선영화관.
　　양 꼬치구이로 유명한 '해동식당'은 개선영화관 뒷골목에 위치해 있다.

해동식당을 찾기 전에 필자는 이남에서 서너 차례 양 꼬치구이를 먹어본 적이 있다. 남측 전역에서 양 꼬치구이 전문점들이 열화와 같이 유행하던 때다. 중국에서도 양 꼬치구이를 먹어보았다. 중국에는 양 꼬치 외에도 다양한 꼬치구이가 있는데, 양 꼬치 하나에 3위안을 주고 사먹은 기억이 난다. 하지만 양 꼬치구이가 그다지 맛있다고 느끼지는 못했다.

양 꼬치구이는 중국 음식의 하나라고 할 수 있지만, 신장 위구르 자치구의 특별한 전통음식이기 때문에 일반 중화요리와는 그 차원이 다르다. 이남에 유입된 후에는 남측 사람들의 입맛에 맞게 메뉴가 개량되었으며, 이북에서도 마찬가지다. 중국의 요리 하나가 한반도에 사는 남북 주민들의 입맛까지 정복하고 있다고나 할까.

3가지 향신료가 고기 맛을 좌우하다

며칠 전부터 담당 안내원에게 양 꼬치구이를 먹으러 가자고 보채다시피 했다. 소원을 풀어주려는 듯 안내원은 이른 아침부터 만나는 사람들한테 점심에는 양 꼬치구이를 먹으러 간다며 광고를 하고 다닌다.

"최선생님, 오늘 점심에 양 꼬치구이집 갑시다. 값도 눅고(싸고), 고기도 정말 많고 맛납니다."

평양 시내 중심부 개선극장 뒤편에 자리한 해동식당은 2층 건물을 통째로 사용하는 음식점이었다. 입구에 들어서자 서빙을 하는 여성 봉사원들이 근사하고 멋진 제복을 입고 열심히 시중들고 있었다.

카운터 봉사원들은 양 꼬치구이는 1층에서만 제공한다며 우리를 구이 전용 테이블로 안내했다. 건물을 한 바퀴 둘러보니 2층에는 결혼예식도 치른다는 대형 홀이 있고, 단체 손님을 받을 수 있는 방을 여러 개 갖추고 있었다.

— 해동식당 입구 벽면에는 다양한 음식 메뉴가 사진으로 걸려 있다.

우리는 메뉴판의 정식명칭대로 '양고기 꼬치구이(이하 양 꼬치구이)'를 주문하였다. 주문한 지 조금 지나자 신선하고 새콤한 김치를 비롯해 상추, 오이, 마늘, 풋고추, 고구마 등의 야채가 담긴 바구니와 초고추장이 나왔다. 여기까지는 평범했지만, 마지막으로 3가지 독특한 향신료가 담긴 접시가 제공되었다. 봉사원은 그 3가지 향신료를 고루 섞어서 고기를 찍어 먹어야 구수하고 짭조름한 맛이 더하다고 일러주었다. 그뿐 아니라 양고기 특유의 잡냄새를 제거해주고, 양고기 고유의 맛을 음미할 수 있게 해준다고 한다.

음식을 내온 봉사원과 담당 안내원에게 이것저것 궁금한 말을 건넸다.

"양고기는 누린내가 심하기 때문에 서울에서는 냄새를 없애려고 생강이나 마늘, 파, 후춧가루 등을 넣기도 하고, 심지어, 노란 카레 가루나 적색 포도주를 넣어 버무려 재어놓은 후에 나온다고 하던데요."

"이 향신료 접시 안에 누런 것의 양이 가장 많지 않습니까? 이게 바로 '쯔란(회향: 미나리과 식물의 일종인 '커민'이라는 식물의 씨앗을 으깬 것)'입니다. 이걸 고춧가루와 골고루 섞어서 고기를 찍어 먹으면 누린내나 잡냄새가 일절 안 납니다."

"서울에서는 양고기를 버무릴 때 누린내를 제거하기 위해 박하와 허브도 넣는다는데 여기는 어떻습니까?"

"고건 저도 잘 모르겠습니다(나중에 주방에 직접 물어보니 고기를 버무릴 때도 쯔란을 넣는다고 했다)."

막상 다 익은 꼬치구이를 먹기 위해 쯔란을 섞은 향신료를 찍어 먹어보니 마치 카레에서만 느낄 수 있는 비슷한 향이 났다. 달콤하고 향기로운 냄새였다. 양고기와 궁합이 맞는 향신료를 발견했다는 사실 자체가 신기하기까지 했다. 고기를 잴 때 사용할 뿐 아니라 손님들이 고기를 직접 찍어 먹는 용도로도 제공하는 것으로 보아, 쯔란은 확실하게 양고기 냄새를 제거해주는 일등공신이었다.

양고기 먹으면 바로 치료됩니다

쇠젓가락처럼 생긴 길쭉한 꼬챙이에 풍성하게 꽂혀 나온 고깃점들 사이사이에는 양파가 간간이 섞여 있었다. 불판을 바라보니 뚜껑이 벌겋게 달아올라 마치 제철소 용광로처럼 보였다. 뚜껑을 제치고 본격적으로 고기를 굽는 순간이 되자 나는 여성 봉사원에게 양 꼬치구이가 사람들 건강에 어떻게 좋은가를 자연스레 물었다.

"양고기는 남려노소 누구에게나 다 좋습니다. 우리 식당의 양고기는 다른 육류보다 기름이 적고 단백질 함유량도 매우 높아 정력(스태미너 식)에 좋습니다."

그래서 그런지 꼬치에 꽂힌 고깃점들의 붉은 색깔은 소고기보다 연하고 돼지고기보다는 붉은 색을 띤 듯 보였다. 그녀는 양질의 고기만이 섬유질이 가늘고 조직이 약해서 고기 색깔도 이처럼 독특하다고 했다.

"영양가는 어느 정도인가요?"

"우리나라에서는 호주와 뉴질랜드에서 기른 고급 양고기만 선별해서 수입하기 때문에 아주 맛이 좋을 뿐 아니라, 칼로리와 지방이

낮고 단백질은 높아서 양기가 부족한 사람이 먹으면 바로 치료가
됩니다."

"아, 건강에 확실히 좋군요."

— 평양 시내 중심가에 있는 전골요리 전문점 승리식당.

"양 꼬치구이는 육질이 부드러운 생후 1년이 안된 어린 양을 써
야 합니다. 그래야 누린내가 없습니다. 우리는 1년이 안된 어린 양
고기만 사용합니다."

불판 뚜껑을 열어젖히자 활활 타는 빨간 숯불 사이로 파란 불꽃
이 널름거리며 작열했다. 안내원과 함께 꼬챙이에 끼운 생고기를
들고 하나씩 수동으로 굽기 시작했다. 이남의 양고기 식당들은 거

양고기 꼬치구이점을 찾다

의 자동으로 굽는 방식인데, 여기는 아직 개발을 안했는지 일일이 손으로 직접 굽는 방식이었다.

굽는 재미도 있었지만 구우면서 가끔 입에 넣을 때 느끼는 쫄깃하고 구수한 맛이 일품이었다. 예상했던 대로 양고기 특유의 누린내는 전혀 나지 않았으며, 향신료와 함께 찍어 먹으니 그야말로 꿀맛이었다.

양고기가 인체 건강에 얼마나 좋은지 봉사원에게 구체적으로 물었으나 생각보다는 잘 모르는 듯했다. 귀국 후 자료를 찾아보았다.

— 숯불 위에서 초벌구이하는 모습.

우리나라 의학 고서에는 양고기는 정력과 기운을 돋우어주고, 피로회복, 이뇨작용에 효과가 있으며, 어지럼증을 다스리는 효능이 있다고 기록되어 있다. 뿐만 아니라 오장을 보호하고 비장과 위를

튼튼하게 해주며, 당뇨, 숙취에 좋고, 골다공증에도 효능이 있다고
나와 있다.

북녘 동포들이 양고기를 즐겨 먹는 이유를 알 것 같았다. 외래음
식을 다시 조선식 요리로 개발해서 즐겨 먹는 것을 보고 역시 우리
단군 자손은 대단하다는 생각을 했다.

숯불에 떨어진 양고기 기름 냄새는 오히려 향긋했다

숯불 바로 위에서 3~4분 정도 초벌구이를 마친 후 다시 앵글 위
에 꼬치를 올려놓고 약한 불기운에 다시 한 번 천천히 5분 정도를
익혀준다. 그래야 아주 맛있는 양 꼬치구이가 완성된다.

양념 소금과 쯔란을 골고루 바른 양고기를 손으로 빙글빙글 돌
리며 빠른 손놀림으로 굽자 어느새 양고기 기름 서너 방울이 숯불
에 떨어졌다. 이때 모락모락 피어오르는 연기 냄새는 일반 불고기
를 구울 때 나는 냄새와는 전혀 달랐다. 오히려 입맛을 돋우어주
는 구수한 역할을 해준다고나 할까? 아무튼 이 향긋한 냄새는 해
동식당의 명물이기도 하다.

기름 타는 냄새가 오히려 식욕을 돋우어주었다. 이날 우리 일행
은 25원짜리 양 꼬치구이를 몇 인분 더 추가해서 배부를 때까지 실
컷 먹었다. 마지막 입가심으로 토장국(된장찌개)을 주문해 그마저

초벌구이를 마친 양꼬치를
필자가 앵글 위에서 다시 한 번
굽고 있다.

깔끔하게 해치웠다. 양 꼬치구이를 먹고 나면 대개 옥수수국수로
입가심을 하지만, 토장국을 먹어도 뒷맛이 일품이었다.

고기를 굽는 동안 옆 테이블에서 식사하던 주민들과 여러 이야
기를 나누었다. 평양 시민들과 일반 주민들은 요즘 양 꼬치구이뿐
아니라 양고기를 넣은 '양고기 만두'도 간혹 해 먹는다고 한다. 지
방에 사는 일반 주민들이 양 꼬치구이 요리를 할 때는 가끔 석탄
의 일종인 '코크스 탄'을 사용하기도 한다. 하지만 뭐니 뭐니 해도
양 꼬치구이에는 숯불이 최고의 연료라고 이구동성이었다.

요리 기술과 문화가 세계적으로 가장 앞서 있다는 중국요리 가
운데도 양꼬치를 제외하고는 직화구이가 없을 정도라고 한다. 그

런 만큼 양 꼬치구이는 어떤 연료를 사용하느냐에 따라 맛이 좌우될 수밖에 없다. 요즘 중국인들이 우리의 숯불갈비와 숯불삼겹살 등을 한 번 먹고 나면 모두들 그 맛에 매료가 되는 것도 다 이유가 있지 싶다.

양 꼬치구이와 함께
마신다는 평양의
'가스맥주(대동강맥주)집'.

출판사에서 일한다는 어느 손님은 양 꼬치구이를 먹을 때는 소주보다 중국 '칭따오 맥주'를 곁들여 먹어야 한다고 일러주었다. 양 꼬치를 파는 중국의 식당에서 '칭따오 맥주'를 팔고 있던 기억이 떠올랐다. 서울의 양 꼬치구이 집에서도 거의 '칭따오 맥주'를 구비하고 있다.

평양 주민들도 양 꼬치구이와 가장 잘 어울리는 순하고 부드러운 칭따오 맥주 맛에 대한 정보를 너무 잘 알고 있었다. 다시 한 번 놀라지 않을 수 없었다.

평양 시내 승리거리에 있는 양고기 꼬치구이 전문점 손님들은 '칭따오 맥주'를 대신해 '가스맥주'를 마시며 꼬치구이를 먹고 있었다. '가스맥주'는 병맥주나 캔맥주가 아닌 '생맥주'를 의미한다.

6.

단고기
전문요리점을 찾다

'단고기는 뜨거운 아랫목에서 땀흘려 먹어야 제맛'

'개고기는 워낙 영양이 높고 맛이 구수하여 입에 착착 달라붙고 고기 맛이 달기 때문에 단고기'라고 한다던가. 방북 기간에 들은 이야기다. 명칭의 유래는 김일성 주석이 '개장국'을 '단고기국'으로 고쳐 부르도록 지시한 데서 시작됐다고 한다.

몇 해 전 어느 날 개고기에 해박한 지식을 지닌 이북의 어느 관리에게서 이북 개고기 문화의 단면을 알 수 있는 여러 이야기를 직접 들었다.

"함경북도는 단고기 국물에 소금으로 간을 맞추고 양념 맛을 내지만, 평안도는 단고기 국물에 된장을 넣어 맛을 냅니다. 이처럼 '개장국(보신탕)'은 지방마다 차이가 많습니다."

"아, 남쪽에서도 지방마다 음식 맛과 요리 방식에 차이가 있습니다."

우리 조선에서는 여름 복날이 돌아오면 살진 누렁이 개 한 마리를 잡아서 집안 식구들이나 동네 친구들끼리 개장국(보신탕)을 해 먹습니다. 부뚜막 아궁이에 불을 활활 지핀 후 방문을 걸어 잠그고 나서 뜨거운 구들장 아랫목에 빙 둘러 앉아 땀을 뻘뻘 흘리며 먹어야 단고기 맛을 제대로 느낄 수 있고 몸에 약이 됩니다."

"아, 그렇군요. 언젠가는 저도 그런 식으로 땀을 줄줄 흘리며 단고기 국물에 조밥을 말아 먹고 싶습니다. 얼마의 금액이면 그런 방식으로 똑같이 먹어볼 수 있을까요?"

"아마 미화로 100달러만 지불하면 일행 대여섯 명이 모두 먹을 수 있도록 개 한 마리를 잡을 수 있을 겁니다. 배가 고파 단고기를 먹을 때는 '식(食)'이라 할 수 있는 음식이고, 몸이 아파 병을 고치려 먹을 때는 '약(藥)'이 되는 음식이 단고기 아닙니까? 그중에서도 개장국(보신탕)은 식과 약이 다 되는 귀한 음식이니 돈이 문제가 아니지요."

"그런데 북에서는 유난히 단고기 소비가 많은데 그렇게 많은 개들을 도대체 어디서 공급을 받습니까?

"우리 조선에서는 장군님(김정일 국방위원장)의 지시로 전국 3개 군(郡)의 농장에서 식용 개들만 전문으로 사육하고 있습니다. 깨끗하고 우수한 양질의 개들만 선별해서 제공받기 때문에 육질이 모두 다 좋습니다. 개장국에 사용되는 개들 중에 가장 좋은 종류로는 누런 황구를 으뜸으로 쳐줍니다. 황구는 명약이지요. 두 번째는 몸통이 모두 검은 흑구입니다. 그 다음은 얼룩개고, 그 다음이 백구입니다."

그의 입에서는 그칠 줄 모르고 개고기 이야기가 흘러 나왔다. 그후 방북할 때마다 재래식 방법으로 땀을 흘리며 먹을 수 있는 기회가 오기만을 바라고 있는 중이다.

단고기 요리의 메카 4곳에서 코스 요리를 맛보다

필자는 평소 보신 요리(개고기 요리)를 좋아한다. 처음 개고기를 맛본 것은 고교 시절이었다. 뜻하지 않게 폐병에 걸려 갖은 고생을 하던 중 민간치료 요법으로 개고기가 효험이 있다는 소식을 들은 부모님의 정성으로 처음 개고기를 접하게 됐다.

부친은 우리 집에서 기르던 개는 물론이고 값을 치르고 동네 개를 여러 마리 잡아 먹여주셨다. 모친은 잡은 개고기로 요리를 하거나 보약을 만들어 내게 억지로 먹이셨는데 아마 내가 그 덕에 아직까지 건강을 유지하고 있는 듯하다.

청소년 시절에 개고기를 약으로 먹다 보니 질릴만도 한데 개고기

―― 평양은 물론 지방 도시와 읍내에도
'단고기 식당'들이 성업중이다.
일부는 '강도식당'의 형식으로 운영된다고 한다.

단고기 전문요리점을 찾다

가 체질적으로 몸에 잘 맞는지 오히려 성년이 되어서는 개고기 음식점을 스스로 찾아 다녔다. 그리고 누가 보신 요리를 대접이라도 할 경우에는 제법 맛을 음미하며 그윽하게 먹을 줄도 알게 되었다.

이남은 개고기 요리라고 해봐야 탕과 수육, 전골, 무침 등에 불과하다. 그나마 내가 거주하는 미국에는 개고기 음식점이라고는 전무하다 보니, 그 대용으로 생겨난 염소탕집이 몇 군데 있어 염소 요리를 개고기로 대리만족하며 위안을 삼고 있는 중이다. 중국에서는 예로부터 개고기를 '향육(香肉)'이라는 아름다운 표현으로 불렀다는데, 필자에게 개고기는 그야말로 향육이다.

그동안 몇 차례 방북을 통해 우리나라 고유의 개고기 문화에 대해 심도 있게 배우고 체험했다. 냉면에는 '옥류관'과 '청류관'이 명성이 높듯, 개고기(이하 단고기) 요리도 이북 주민들에 의해 명품식당 4곳이 이미 정해져 있었다.

평양 시민들과 주민은 물론이고 해외동포들까지 가장 많이 찾는 곳은 단연 통일거리에 있는 '평양단고기집'이다. 보통강호텔 인근 호수 위에 지어진 '원형식당(옛 안산관 단고기집)'도 해외동포들과 평양 시민들에게 정갈한 단고기 코스 요리를 제공하는 곳으로 유명하다. 고려호텔 건물 오른쪽에 위치한 '고려단고기집'도 독특한 단고기 풀코스 요리로 유명하다. 이 식당은 고려호텔 본관 안에 있지 않고 외부로 나와서 본관 우측에 붙어 있는 식당으로 입장해야 한다. 네 번째는 일반 주민들이 가장 많이 찾고 최고의 맛을 자랑하는 '문흥식당'이다.

고려호텔 앞 대로변 창광거리에는 많은 단고기집이 들어서 있다. 하지만 이들 4곳의 유명 단고기 전문점에서 제공하는 다양한 요리와 맛을 따라오지는 못하고 있는 듯했다.

지방이나 소도시 읍내를 지나다 보면 곳곳에서 단고기집 간판이 눈에 띄었다. 삼복철이 되면 일반 주민들이 자신의 집에서 기르는 개나 강아지를 잡아 요리해 먹는 것도 가능하다고 한다.

"보양식보다는 '보양정신'이 더 중요하지 않습니까?"

몇 차례 방북하면서 확인한 바에 의하면 북에서는 예로부터 내려오는 전통적인 단고기 요리방법을 고수하면서도 현대인의 입맛에 맞게 끊임없이 개발하고 있었다. 여러 면에서 긍정적이라고 생각되었다.

가장 자주 들른 곳은 고려단고기집이었다. 자연스레 지배인과 틈나는 대로 많은 대화를 나눴다. 그는 자신이 일하는 고려단고기집에서는 과학화 표준화된 단고기국(개장국)을 전문적으로 요리해 손님들에게 봉사한다고 자랑하였다.

"보양식을 먹는 것도 중요하지만 보양정신(保養精神)이 더 중요하지 않갔습네까?"

"보양정신이 뭡니까? 첨 듣는 말인데요?"

"그냥 제가 한 말입네다. 1년 365일 어떤 상황과 처지에서도 변함없이 우리식 사회주의를 지켜나가고자 하는 확고한 정신이 있다면 무더위에도 거뜬하게 건강을 지킬 수 있단 말입니다."

지배인은 더위를 이기는 비결과 건강해지는 비결의 핵심은 투철한 사회주의 정신을 갖고 각자의 마음을 다스리는 데서 비롯된다는 것을 강조하는 듯했다.

"우리 인민들은 복날이 되면 삼계탕이나 단고기 요리 외에도 보양식은 아니지만 랭면, 팥죽, 어죽, 홍합죽을 즐겨 먹기도 하며, 자라탕, 철갑상어찜, 뱀장어구이, 쇠고기매운탕 등도 자주 먹습니다."

단고기 코스 요리를 먹은 다음 그 맛에 반해 지배인에게 속사포처럼 많은 질문을 쏟아 부었다. 이북에서 처음 단고기를 접했을 때의 맛은 매우 특이하고 신선한 충격이었다. 무엇보다 이렇게 다양한 단고기 음식 조리법이 생겨나고 대중화된 것이 놀라웠다.

그의 말에 의하면, 우리나라 문헌에 최초로 개고기가 등장하는 것은 조선시대에 들면서부터라고 한다. 조선시대에는 개고기 식용이 매우 활발해 여러 고문서에 다양한 요리법이 소개되어 있다는 것이다. 고문헌에 적혀 있는 요리법을 바탕으로 해방 이후 국가 차원에서 끊임없이 요리 연구에 힘을 쏟고 있음을 느낄 수 있었다.

또한 개는 예로부터 약용으로도 널리 사용되었다고 한다. 고기부위는 물론이고 털, 뼈, 이빨, 족발에다 뇌, 심장, 간장, 쓸개, 신장

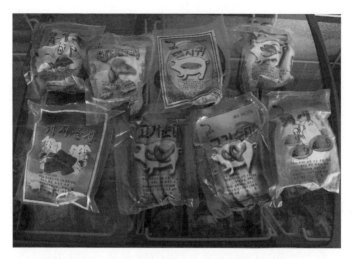

— 대동강과수농원 부지 안에 있는 돼지농장에서 가공한 각 부위별 진공포장 상품.

까지 모든 부위가 사람들의 치료에 요긴한 약재였다고 지배인은
자신의 말에 힘을 주었다. 피, 유즙은 물론 심지어 위결석까지 약
용으로 사용된다고 하니 개라는 동물은 버릴 것이 전혀 없는 가축
인 듯했다. 황구(누렁개)의 생식기는 그렇다 쳐도 백구(흰둥이개)의
배설물까지 '백구시(白狗屎)'라 하여 귀한 약으로 사용되었다는 데
서는 말문이 막히지 않을 수 없었다. 우리 속담에 '개똥도 약에 쓰
려면 없다'는 말은 '백구의 개똥'이라야 한다고 일러주었다.

북에서 돌아올 때마다 요리사나 지배인들이 알려준 단고기 관
련 자료들을 기억하며 틈틈이 확인해보았다. 조선시대에 편찬된
《산림경제》《규합총서》《조선무쌍신식요리제법》《음식디미방》 등

여러 문헌에 다양한 개고기 요리법이 소개되어 있는 것을 확인할 수 있었다.

예로부터 전수되어 온 우리나라의 전통 요리에는 개고기 구이에 해당하는 '구적', 탕이나 국에 해당하는 '개장(개장국, 개탕)', 찜 요리인 '개찜', 산적처럼 끼운 '쇼치' 등이 있고, 개고기를 그대로 굽거나 지져서 걸쭉한 즙을 올려서 먹는 '개장느르미'를 비롯해 '개장고지미' '개백숙' '개고기떡' '개소주' '개고기죽' 등 약재를 활용한 단고기 식품들도 눈에 띄었다.

이북에는 아직도 개 삶은 물로 담근 술인 '무술주(戊戌酒)'라는 전통주가 전해 내려온다. 또한 개 삶은 물에 엿을 고아 만든 일명 '무술땅(戊戌糖-무술당)'과 개고기를 삶아 엿과 함께 조려서 만든 '개고기엿'도 인기다.

단고기를 부위별로 요리화하여 코스로 제공

이북의 단고기집에서는 개고기를 각 부위별로 코스 요리화하여 골고루 맛보게 함으로써, 손님으로 하여금 즉석에서 개 한 마리를 다 먹은 기분이 들도록 한다. 3~4가지 메뉴에 국한된 남쪽의 개고기 메뉴와는 차원이 달랐다. 비교조차 할 수 없을 정도로 이북의 개고기 요리는 앞서 있었다.

코스 요리를 접해 보면 몸통의 각 부위가 몹시 다양하고 풍성한 데다 화려한 양념에 모양새가 멋스럽다 보니 놀라울 따름이었다. 음식의 모양은 물론 맛깔스러움과 정갈함이 더해져 원재료가 개고기라는 것을 깜빡 잊게 만들었다.

이남에서는 개고기 식용 여부에 대한 논란이 한창이다. 그런 반면에 이북은 단고기 풀코스 요리와 단고기 퓨전 요리들을 개발해 왔으며, '개엿' 같은 저장식품과 가공식품도 개발하고 있다. 이북의 개고기 요리를 통해 동질적 문화 충격을 받았음을 고백해야겠다.

"우리 조선에서는 현재 개고기를 '단고기'라 하여 부위별로 메뉴를 만들어 뷔페식으로 판매하고 있는데, 단고기 료리만 해도 무려 40여 가지가 넘으며 지금도 계속 개발 중에 있습니다."

필자가 먹어 본 4곳의 코스 요리 메뉴를 간단히 살펴보도록 하자. 메뉴는 수시 변동이 있으므로 매우 유동적이라는 것을 밝혀둔다.

안산관 단고기집의 요리에서는 가장 먼저 '등뼈찜'이 나왔다. 이어서 '뒷다리토막찜' '갈비찜' '내장' '단고기탕과 국밥'이 순서대로 제공되고, 맨 마지막에는 남성들 모두가 숨죽여 기다린다는 '황구신(누렁이의 생식기 요리)'이 나왔다.

고려단고기집에서도 가장 먼저 올라온 메뉴는 '등뼈찜'이었다. 다음은 '구신요리' '갈비찜' '뒷다리 찜탕' '단고기국과 조밥'의 순서였다. 풀코스의 마지막을 장식한 것은 '단고기엿' 이른바 '개엿' 이었다.

— '평양단고기집' 홀 입구의 병풍형 메뉴판.

　세 번째는 통일거리 '평양단고기집'의 메뉴를 살펴볼 차례다. 이곳은 타의 추종을 불허하는 이북 단고기의 메카라고 불릴 만했다. 이 식당이 명성을 떨치는 이유는 독특한 단고기 장맛 때문이라고 한다.

　이곳 역시 풀코스 양식처럼 각 부위별 요리가 화려한 양념 장식과 함께 나온다. 테이블에는 조그만 양념접시에 들깨, 마늘, 양파, 대파, 양채, 쌍채, 깨소금 등 7가지 양념을 담아놓았는데, 개고기 맛을 돋우기 위해 만든 조미료를 이북 주민들이나 요리사들은 '개장즙'이라고 불렀다. 개장즙을 각자의 식성에 따라 간장에 섞어서 고기에 찍어 먹으면 그 맛이 한층 더해진다.

　'평양단고기집'의 첫 코스는 소꼬리찜같이 보이는 '척추찜'이었다. 두 번째는 모양새가 깔끔한 '가죽볶음요리', 일명 '개껍질'이었다. 그 다음에 나온 메뉴는 최고의 감칠맛을 전해준 '갈비찜'이었으며, '갯뒷다리 토막찜'이 뒤를 이었다. 다섯 번째 메뉴는 '개 세겹살찜'인데 개의 앞가슴살 부위를 가리킨다. 마지막으로 나온 요리는 소막창 맛과 비슷한 '개 위(胃)볶음' 요리였다.

네 번째는 대동강구역에 있는 문흥식당이다. 문흥식당을 처음 방문한 날은 도저히 믿기지 않을 정도로 고객들이 많았다. 심지어 손님들끼리 오가며 서로 몸이 부딪힐 정도로 북새통을 겪었다.

필자를 담당한 안내원은 바쁘게 움직이는 식당 봉사원을 붙들고 미국에서 오신 손님이라 신발을 벗기 귀찮을 테니, 온돌방보다는 테이블에 앉을 수 있는 가족 식당칸을 달라고 요청하였다.

문흥식당은 초복날이 되면 단고기 발족요리(족발)를 비롯해 황구신(생식기), 혀(혓바닥), 골(두개골 안에 있는 부위) 등 말만 들어도 섬뜩한 부위를 특별 이벤트로 내놓는다. 기회가 없어 그런 메뉴를 먹어보지는 못했지만, 명칭과는 달리 말문이 막힐 정도의 맛이라고 한다.

손님들이 가장 즐겨 찾는 메뉴는 종합단고기장이다. 큰 접시 위에 고기, 간, 위, 심장, 내장볶음 등을 올려놓고, 그 옆에 풋고추, 오이, 양파, 마늘, 고추장, 토마토 등을 보기 좋게 올려놓는다. 단고기장과 조밥 상차림도 푸짐하게 나온다. 단고기의 모든 부위가 들어있기 때문에 앉은 자리에서 부위별로 골고루 맛을 볼 수 있다.

문흥식당에는 개업할 때부터 근무하는 내로라하는 단고기 요리사 두 명이 일하고 있다. 이들은 피곤을 무릅쓰고 틈나는 대로 평양이나 지방의 유명한 단고기집을 찾아 다니며 요리법을 배워 온다고 한다. 그뿐 아니라 저명한 요리 전문가들을 수시로 초빙해 요리법을 전수 받은 후 모든 것을 취합해 자신들만의 새로운 메뉴를 내놓는다. 이처럼 열정을 지닌 식당이다 보니 손님들이 몰려들 수밖에 없다.

—
개장국 맛을 돋우기
위해 넣는 재료를
'개장즙'이라고 한다.

우리 일행은 방문 첫날에 때마침 그런 정신으로 새로 개발한 단고기 요리를 맛볼 수 있었다. 다름 아닌 다리찜과 등심 요리였다. 새빨간 양념장을 넉넉히 끼얹은 다리찜과 등심 요리는 양이 매우 푸짐했다. 그럼에도 불구하고 맛이 너무 좋아 다섯 명의 우리 일행은 게눈 감추듯 순식간에 먹어치웠다.

이처럼 4곳의 유명 단고기집에서는 다양한 코스 요리 맛을 즐길 수 있다. 더구나 최근에는 각종 단고기 요리 경연대회나 세미나 등이 자주 열린다고 한다. 이런 창의적인 메뉴 개발을 통해 '개 힘줄고기 냉채' '개 채소말이' '개 내장합성' 등의 메뉴가 추가로 선보이고 있는데, 너도 나도 그 맛에 반해 신기해 할 정도이다. 이처럼 정부 차원에서 적극적인 메뉴 개발에 힘을 쏟고 있으며, 시간이 흐를수록 메뉴가 다양해지고 맛의 수준이 높아지고 있다.

—— 평양 고려호텔 내에 자리한 식당.
　　냉면을 비롯한 여러 음식을 주문해 먹을 수 있다.

한 마리를 통째로 간편히 먹는 방법

남에서는 이미 중단된 단고기 전통 요리가 북에서는 지금도 계승되고 있다. 그중에서 가장 인상적인 3가지가 눈길을 사로잡았다. 그것은 한 마리를 통째로 간편하게 먹는 음식이었다.

첫째는 황구 수캐를 삶아서 그 즙으로 만드는 '무술땅'이고, 둘째는 역시 한 마리를 통째로 삶아서 엿과 함께 푹 고아 만든 '개엿'이다. 그리고 세 번째는 황구 수캐를 삶은 후 찹쌀과 섞어 쪄서 빚은 '무술주'라는 약술이다. 특이한 보양 음식 3가지를 구체적으로 살펴보도록 하자.

❶ 보약으로 먹는 '무술땅'

가장 먼저 소개할 음식은 일명 '무술땅(戊戌糖, 무술당)'이라고 불리는 단고기 전통 음식이다. '무술땅'은 고려의학 차원에서 조선 후기 실학자 서유구가 저술한《임원십육지》를 비롯한 여러 서적들을 근거로 보약으로 먹는 보양식이라고 한다.

먼저 황구(누렁이 수캐)를 잡아서 가마솥에 넣고 고기를 푹 삶은 후에 고운 천으로 즙을 짜낸다. 이 즙에 계핏가루, 후춧가루를 넣고 버무린 다음 중국 동북 지방에 자생하는 백출(白朮)이라는 국화과 여러해살이 풀의 말린 뿌리를 몇 조각 넣어 다시 우려서 만든

— 평양 고려호텔의 바.
이북의 선물점 코너에 가면 각양각색의 약술이 판매되고 있다.

다. 개고기 즙을 푹 고아 삭혀 만든 음식이라서 마치 개고기를 원료로 만든 걸쭉한 조청처럼 보인다고 한다. 오장을 편안하게 해주며, 혈액순환이 잘되고 위장을 튼튼하게 해주는 효능이 있다고 일컬어진다.

❷ 겨울 보양식 '개엿'

둘째는 '개고기엿(단고기엿, 개엿)'이다. 예로부터 우리나라에서 수많은 곡물과 과일 등의 재료로 다양한 종류의 엿을 만드는 것은 잘 알려진 사실이다. 하지만 개를 재료로 엿을 만든다는 것은 금시초문이었다.

개고기엿을 만들기 위해서는 우선 암수 구별 없이 개 한 마리를 잡아 푹 삶은 후에 뼈를 추리고 살코기만 고운 자루에 넣어 물을 모두 짜버리고 4kg 분량의 옥수수엿이나 일반 엿을 섞어 버무린다. 그런 다음 개고기가 형체도 없이 풀어져서 엿에 고루 섞일 때까지 푹 조려 달이면 '개엿'이 완성된다. 4계절 중에 먹거리가 가장 부족한 겨울철 저장 보양식으로, 민간에서는 개고기를 삶아 옥수수가루로 만든 엿이나 조청을 이용해 만들어 먹기도 한다고 한다.

그러나 분명한 사실은 '개엿'을 만드는 방법이 지역 혹은 요리 전수자마다 매우 다양하고, 첨가물과 조리 방법에 따라 종류와 맛이 천태만상이라는 점이다. 필자가 고려단고기집에서 먹어 본 '개엿'은 개고기와 꿀을 조합해 만든 것이었다.

개엿은 '무술땅'과 비슷한 방법으로 만들지만 전혀 다른 보양음식이다. 지금도 중국의 연길, 단동, 심양을 비롯해 조선족들이 많이 거주하는 지역에서는 조선족 상인과 기업인들이 '개엿'을 특산품으로 생산해 인기리에 판매하고 있다고 한다. '개엿'은 남녀노소 누구를 불문하고 복용하는 사람들의 입맛을 돋우어주고 기력을 증진시켜 준다고 일컬어진다.

❸ 황구로 빚은 '무술주'

'무술주(戊戌酒)'는 황구(누런 수캐) 한 마리를 삶은 후 찹쌀과 섞어 쪄서 빚은 약주다. 그 기원을 거슬러 올라가면 조선시대에 외국에서 유입된 외래주에 속하지만, 우리나라에 들어와서 토착화된 후 민간에서는 보약처럼 귀하게 마시는 약술로 취급한다고 한다.

퇴계 이황의 《활인심방》과 《소사신서》에는 개고기 삶은 국물로 술을 담그는 '무술주'에 대한 기록이 남아 있다. '무술주'는 북에서도 대중들에게 널리 알려진 술은 아니다. 비장과 위를 보해주는 약효가 있으며, 부인들의 하혈에 좋고, 나이든 노인들의 골수를 보충시켜 주고, 허리와 무릎을 따뜻하게 해주는 약효가 있다고 한다.

다양한 종류의 '개엿'을 음미하다

필자의 입맛을 사로잡은 음식은 단연 '개엿'이었다. 여러 식당에서 제공하는 다양한 종류의 '개엿'을 맛보며 자세히 알아보기 시작했다. 고려단고기집 코스 요리로 나오는 '개엿'이 가장 인상적이었다.

❶ '단고기엿(개엿)'의 유래

통일운동가 백기완 선생의 평소 증언에 의하면, 선생은 과거 전쟁 당시 북에서 월남하는 날 당시 화폐로 5천 원짜리 개엿 한 덩이를 사서 가족들에게 남겨두고 내려왔다고 한다. '개엿'이 제법 값이

나갔다는 것을 알 수 있다.

'개엿'은 민간 신앙 속에도 등장한다. 토속신앙에서 부엌신으로 모시는 신은 '조왕신'이었다. 얼마 전까지만 해도 농어촌 집집마다 부엌 한켠에 한지나 실로 묶은 명태를 걸어 조왕신을 모시는 풍습을 흔히 볼 수 있었다.

강원도 이북 지역에서는 부엌을 다스리는 조왕신이 해마다 음력 동짓달 스무닷샛날이 되면 하늘로 올라가 옥황상제에게 1년 동안 있었던 일을 고자질하고, 섣달 그믐날 다시 부엌으로 돌아온다는 전설을 믿었다고 한다.

아낙네들은 조왕신이 올라가기 전날 밤 아궁이에 끈적끈적한 '개엿'을 발라 놓았다. '개엿'이 조왕신의 입에 착 달라붙어 옥황상제 앞에서 아무 말도 할 수 없도록 하기 위해서였다. 그래야 액을 면할 수 있다고 생각했던 것이다.

이처럼 '개엿'은 민간 신앙에 등장할 정도로 역사가 오래된 우리 조상들과 매우 친숙한 음식이었다. 근대화와 산업화를 거치면서 살기 좋아지고 먹거리가 풍성해지자 제조 과정이 복잡한 '개엿'은 민간에서 차츰 사라져갔다. 하지만 북에서는 아직도 간간이 집에서 '개엿'을 해먹는다고 한다.

❷ 꿀맛이 감돌아 흐르는 '개엿'

고려단고기집에서 제공한 '개엿'을 처음 보는 순간 나는 특이한 이름 때문에 웃음을 터뜨리고 말았다. '개'라는 단어와 '엿'이라는 단어 모두 남에서는 부정적인 의미와 비하하는 은어로 사용되는 것 아닌가. 하필 두 글자가 한데 뭉쳐 '개엿'이 되었으니 웃음을 참기 어려웠다.

젓가락으로 조심스레 집어 입에 넣으니 마치 잘 삭힌 소고기 장조림을 먹는 듯한 식감이 느껴졌다. 고려단고기집 코스 요리에 나오는 '개엿'은 고깃살만 잘게 찢어서 천연 꿀에 버무려 푹 조린 것이라고 한다. 그래서 그런지 잘 삭힌 장조림의 식감처럼 입안에 단맛이 감돌았다. 스푼으로 떠먹는 아이스크림처럼 둥근 컵에 단정히 담긴 '개엿' 위에 땅콩과 잣을 고명으로 올려놓아 보기에도 먹음직스러웠다. 꿀물이 배어 있는 고깃살은 씹을수록 쫄깃하며 달콤한 꿀맛이 입안을 감돌다가 고기와 함께 녹는 듯한 진기한 맛을 자아냈다.

특히 고려단고기집은 함경북도 칠보산에서 생산한 천연 꿀을 가져다 쓴다고 한다. 다른 단고기집에서 나오는 '개엿'과는 확연히 색다른 맛이었다.

물론 다른 단고기집에서 제공하는 '개엿'들도 맛이 달콤하고 좋았다. 통상 엿을 사용하기 때문에 당도가 덜할 뿐이다.

고려단고기집의 '개엿'은 별도의 주문을 통해 일반인과 외국인들도 구입할 수 있다. 집 냉장고에 보관했다가 1년이 지나 꺼내 먹어도 아무 문제가 없다고 한다.

—— '개엿'은 육질의 식감과 함께 달콤하게 녹는 맛을 느낄 수 있는 저장식품이다.

❸ 민간의 '개엿' 제조 방법

'개엿'은 개장국(보신탕)과 함께 북에서는 가장 최고의 보신용 음식이다. 냉장고가 없는 가정에서도 항아리에 담아 오랫동안 보관할 수 있다. 몇 개월만 아침저녁으로 한두 숟가락씩 떠먹으면 영양이 보충되고 식욕이 왕성해지며 허약체질이 회복될 정도로 몸이 거뜬해지는 최고의 보약이라고 사람들은 입을 모아 증언했다.

식량이 부족한 옛날에는 몸에 기름기가 부족해서 '개엿'을 만들 때 시루에 개 한 마리의 기름을 모두 내려서 고기는 고기대로 먹고, 그 기름으로만 '개엿'을 만들기도 했다고 한다. 그러나 오늘날에는 상황이 정반대가 되었다. 기름은 모두 제거하고 고깃덩이만 남겨, 고기가 물컹해질 때까지 삶아서 '개엿'을 만드는 것이다.

어떤 지방에서는 뼈를 추려서 버리는 경우도 있지만, 어떤 지방에서는 뼈다귀도 함께 푹 고아서 끓인 후에 조청과 엿의 주재료가 되는 질금물을 넣고 고운 천에 꼭 짜서 약재를 넣어 다시 달인다. '개엿'을 만드는 데는 대략 4~5일 걸린다고 한다.

요즈음은 '개엿'을 만드는 방식도 바뀌었다. 7~8개월 된 어린 개를 잡아 고깃덩이를 푹 삶은 다음 뼈를 추려내고 옥수수엿을 섞어 개엿을 만드는 것이다. 만들어진 개엿은 항아리에 채워 넣고 필요할 때마다 꺼내 먹는다고 한다.

7.

휘발유 조개구이
전문요리점을 찾다

서해갑문 해변에서 '휘발유 조개구이'를 처음 맛보다

우리 일행은 평양시 만경대구역의 대동강과 보통강이 만나는 합류 지점이 내려다보이는 산 정상의 량강호텔로 차를 몰았다. '휘발유 조개구이' 전문점을 찾아가기 위해서였다.

이름 그대로 '두 개의 강물이 흐르는 전망'을 내려다볼 수 있는 량강호텔은 매우 아름다운 위치에 자리 잡고 있었다. 호텔 진입로를 따라서 도보로 2~3분 걸어 내려가면 왼쪽에 '소나무동산'이라는 간판이 나온다. 그곳이 바로 우리가 찾던 '휘발유 조개구이' 전문점이다.

며칠 전 서해갑문을 방문했다. 서해갑문은 북이 세계에 자랑하

—— 서해갑문 전경.
  와우도 유원지를 비롯한 서해갑문 일대에서 맛있는 휘발유 조개구이를 맛볼 수 있다.

는 역사적 기념물이다.

서해갑문에 들른 다음 점심시간에 생전 처음 '휘발유 조개구이'를 맛보았다. 서해갑문 전망대 부근에 자리 잡은 식당에서였다.

처음에는 "자동차 연료인 휘발유로 구운 조개를 위생상 먹을 수 있을까?" 의심했다. 조심스레 입에 댄 순간부터 '휘발유 조개구이' 맛에 흠뻑 빠지게 되었다.

평양으로 돌아왔지만 다시 한 번 '휘발유 조개구이'가 먹고 싶어 견딜 수 없었다. 그래서 평양 시내에서 '휘발유 조개구이'를 맛볼 수 있는 곳을 수소문해 이곳 '소나무동산'을 찾은 것이다.

이후에도 평양을 떠나기 전에 남포에 있는 평화자동차 공장을 방문할 일이 있어, 평화자동차에서 서남 방향으로 4km 정도 거리에 있는 와우도 유원지를 찾아 다시 한 번 '휘발유 조개구이'를 실컷 먹을 수 있었다.

휘발유 조개구이 전문점 '소나무동산'을 방문하다

량강호텔 진입로를 따라 200미터 가까이 천천히 걸었다. 이내 '휘발유 조개구이집'을 알려주는 아치형 간판이 나타났다. 간판의 모양새는 마치 어린이 유원지를 연상케 했다.

입구에 들어서니 산속으로 진입하는 오솔길을 따라 휘발유로 조개를 구울 수 있는 다양한 형태의 시멘트 구조물이 즐비하게 늘어서 우리 일행을 기다리고 있었다. 동산 경내에는 정자가 세워져 있고, 컨테이너 크기만 한 식당에서는 장사가 성업 중이었다.

휘발유 구이에 사용될 조개 종류는 서해 대합조개여야 한다. 가격은 이북 돈으로 1kg에 600원이었다. 조개는 무엇보다 크기가 크면서 적당해야 하기 때문에 서해에서 잡은 대합이 가장 좋다고 한다. 우리는 우선 3kg을 주문한 다음 적당한 구조물을 찾아 자리를 잡고 빙 둘러앉았다.

해 질 무렵이 가까워오자 시장기가 돌았다. 일행들과 담소를 나누면서도 한번 조개 맛에 길들여진 우리 일행은 조개구이에 대한 기대감 속에 연신 군침을 흘렸다.

—— 서해 대합조개의 입이 바닥을 향하도록 세우고 있다.

힘지박에 잔뜩 담긴 대합조개는 어느새 봉사원의 재빠른 손놀림에 의해 물 먹인 야삼포대 위에 거꾸로 세워졌다. 주둥이가 바닥을 향하게 한 채 조개들이 빽빽하게 세워졌다. 준비가 다 된 듯했다. 이윽고 휘발유를 뿌려 불을 붙이려는 순간이 다가왔다.

봉사원은 우리에게 물수건과 나이프를 나눠주었다. 그리고 밑반찬으로 깍두기를 가져다주었다. 물수건은 손을 닦은 후 방치하지 말고 나중에 뜨거운 조개를 손으로 집는 용도로 사용하라고 알려주었다.

안내원과 봉사원들은 조개구이를 먹는 데 소주가 빠질 수 없다

며 이구동성으로 소주를 권유했다. 어패류 같은 해산물을 먹을 때
는 알코올 성분인 소주가 멸균 작용을 한다니 그럴 듯한 말이었다.

휘발유 불이 점화되자 일행들은 마치 청소년들이 캠프파이어라
도 하듯이 기분이 들뜨기 시작했다. 상기된 기분 탓에 조개가 익은
다음 일행 중의 한 명은 유리 소주잔을 마다 하고 조개 껍데기로
소주를 마시는 재치를 보여주기도 했다.

'휘발유 조개구이'가 완성되면 조개 입이 벌어진다는 말은 모두
근거 없는 말인 듯했다. 다 익었는데도 조개들은 여전히 입을 꽉 다
물고 있었다. 봉사원이 가져다준 나이프로 조개를 뒤틀거나 주둥
이를 벌리면 조개가 잘 벌어져 까먹기가 쉬웠다.

밑반찬으로 나온 깍두기는 시원하고 새콤달콤했다. 조갯살과 서
로 궁합이 맞아 조개구이의 맛을 한층 돋워주었다

―― 조개를 모두 세워놓고 휘발유 불을 붙인 장면.

휘발유와 알코올, 식용유 등을 조개구이에 활용하다

이날 지켜본 '휘발유 조개구이' 요리 과정은 마치 한 편의 퍼포먼스 같았다. 먼저 빼곡히 세운 조개 위에 휘발유를 소량 흩뿌린다. 휘발유를 뿌리면서 재빠르게 불을 붙이면 바닥에 깔려 있던 조개등 위에 삽시간에 불길이 옮겨붙으며 활화산처럼 타오르기 시작한다.

봉사원은 휘발유병을 손에 들고 강약을 조절하며 물총을 한 줄기로 발사하듯 조개 위에 뿌리며 불길을 조절한다. 조개 주둥이가 모두 바닥을 향하고 있기 때문에 아무리 휘발유를 뿌려도 조개 안에는 절대 휘발유가 흘러 들어갈 수 없다는 사실을 다시 한 번 확인했다.

이때 너무 오랫동안 불을 타오르게 하면 조갯살이 타버리거나 질겨서 맛이 반감된다고 한다. 반면에 너무 불길이 약하거나 타는 시간이 짧으면 덜 익거나 설익어서 먹을 수 없다. 만일 불 조절에 실패하거나 잘못 구우면 결국 조개구이를 먹을 때 역겨운 냄새가 진동해서 먹을 수 없게 된다고 한다. 고도의 기술적인 노하우가 필요해 보였다.

봉사원의 말에 의하면 3kg 분량의 조개를 익히는 데는 12~15분 정도 불을 지펴야 적당하게 구워지면서 맛있는 구이가 완성된다고 한다. 15분 남짓의 시간이 흐르자 어느덧 불길이 모두 꺼지고 잔불이 가물가물거리며 조개들의 정체가 드러났다. 다 익은 조개들은 모두 입을 꽉 다문 채 마치 모닥불에 구운 군밤이나 군고구마처럼 시커먼 모습을 하고 있었다.

—— 조개구이 요리 봉사원이 생수병에 담긴 휘발유를 발사하고 있다.

조개구이에는 주로 휘발유를 이용하지만 상황에 따라 좀 더 고급스럽게 구워 먹으려면 간혹 가격이 비싼 알코올이나 식용유를 사용하기도 한다고 한다.

이날 조개구이를 처음 먹어 본다는 해외교포 한 분이 동석했다. 그는 휘발유로 조개를 굽는다고 하니 처음부터 이상야릇한 얼굴 표정을 짓고 있었다. 그런데 막상 완성된 조개구이 맛을 한 번 보더니 금세 얼굴 표정이 확 달라졌다. 그리고 연거푸 조개를 까먹기 시작했다.

조갯살에서는 휘발유 냄새가 전혀 나지 않았다. 오히려 바다 내음이 고스란히 배어 있어 싱싱한 맛을 그대로 음미할 수 있었다.

조개구이의 맛에 흠뻑 빠진 우리는 서로 아무 말 없이 경쟁이라도 하듯 치열하게 까먹기 시작했다. 다 먹은 후에는 자신들 앞에 조개 껍데기가 얼마큼 수북이 쌓였는가를 놓고 누가 승리했는지 우열을 다툴 정도였다.

—— 조개구이가 거의 완성되어 잔불만 남았다.

재래식 휘발유 조개구이 요리 방식

'휘발유 조개구이'가 어떻게 시작되었는지 궁금했다. 봉사원과 안내원뿐 아니라 몇몇 주민들의 증언을 들을 수 있었다.

증언을 종합해보면 '휘발유 조개구이'는 일제강점기 무렵부터 자연스럽게 시작되었다고 하는 이들도 있고, 6·25전쟁기에 처음 시작되면서 널리 퍼졌다고 하는 이들도 있었다. 두 가지 설이 있는 셈이다.

휘발유라는 물질은 근대 산업화 과정에서 자동차나 공장의 연료로 사용되기 시작한 것이다. 따라서 격동의 시기를 맞은 이북 지역에서 일제강점기에서 6·25에 이르는 어느 시기에 자연스레 이런 방식이 출현한 것으로 보인다.

일부 주민들은 아직도 재래식 방법에 따라 물에 적신 가마니 혹은 야삼포대를 바닥에 깔고 조개를 굽고 있다고 한다. 전통적인 방법은 가마니(쌀이나 알곡을 담기 위해 볏짚으로 가마니틀에서 짠 전통적인 볏가마니)나 야삼포대(삼으로 짠 다용도 포대)를 준비해 바닥에 깔고 그 위에서 조개를 굽는 방식을 말한다. 미리 물을 먹인 가마니 위에 다시 한 번 가볍게 물을 뿌려준 후 가마니 둘레에 돌을 둘러 치거나 널빤지를 둘러 친다. 그리고 조개가 쓰러지지 않도록 돌이나 널빤지에 조개를 의지하게 한 다음 조개가 벌어지는 입 부분이 아래로 가도록 빼곡하게 세운다. 이어서 휘발유가 든 소주병에 솔잎이나 볏짚을 허술하게 끼운 후, 병을 거꾸로 세워 병마개 입구에서 흘러나오는 휘발유를 조금씩 뿌려가면서 조개를 굽는다.

요즘은 간편한 것을 찾게 되다 보니 소주병에서 탈피하여 구하기 쉬운 일회용 플라스틱 음료수나 생수병을 사용하는 추세로 변했다. 50ml 용량의 생수병 마개에 구멍을 뚫어 어린이들이 물총놀이할 때 물이 발사되듯 휘발유를 발사하며 불길을 조절한다. 이때 사용되는 휘발유량은 대합조개 3kg에 병 1개, 6kg에는 휘발유병 2개 정도다.

도회지에 사는 일반 주민들이 휘발유로 조개를 구워 먹을 때는 맨시멘트 바닥이나 보도 블록 위에 물 먹인 가마니 혹은 야삼포대를 깔고 굽는다고 한다. 강변이나 바닷가에서는 깨끗한 모래나 바위 위에서 굽기도 한다.

'휘발유 조개구이'를 즐겨 먹는 지역

확인한 바에 의하면 '휘발유 조개구이'는 민간에서 유행하는 즉흥 먹거리로 주민들이 즐겨 먹는 흥겨운 특별식으로 이해되었다. 같은 구역원들이나 마음에 드는 이웃, 친지끼리 어울려 즉석 잔치를 여는 데는 분위기마저 고조되니 '휘발유 조개구이'만한 음식이 없는 듯했다.

그러나 함경남북도를 비롯해 서해안 반대편의 동해안 지역 주민들과 내륙 지방에 사는 주민들 가운데는 아직 '휘발유 조개구이'의 존재 자체를 잘 모르는 경우도 간혹 있었다. 접할 기회가 없어서

일 것이다.

이북에서는 어부들이 채취한 조개의 상당량을 외국에 수출한다. 그래서 일반 주민들이 시중에서 조개를 손쉽게 구하기는 쉽지 않은 듯했다.

하지만 평양 시내 한복판에까지 '휘발유 조개구이 전문점'이 등장할 정도로 성행하고 있음은 분명한 사실이다. 일반 주민들이 민간에서 즐겨 먹는 야외용 즉석요리라는 것도 확인할 수 있었다.

평양에서 남서쪽 해안가를 향해 2시간 정도 이동하면 남포항이 나오고, 남포에서 조금 더 달리면 와우도 유원지와 서해갑문에 이른다. 이 지역 사람들은 오래 전부터 '휘발유 조개구이'를 계절에 따른 특식으로 즐겨 먹었다.

평양 시내의 전문점도 별미를 제공하지만, 아무래도 최고의 '휘발유 조개구이' 맛은 서해 대합조개 산지인 항구도시 남포항 인근을 꼽아야 할 것이다.

실내와 실외에서 모두 가능한 '휘발유 조개구이'

흔히 '휘발유 조개구이'는 화재의 위험이 있기 때문에 강가나 바닷가 혹은 야외에서만 가능한 것으로 생각할 수 있다. 하지만 '휘발유 조개구이'는 평양 시내 중심부에서도 실내 조개구이집과 실외 조개구이집으로 나뉘어 영업할 정도로 보편화되었다. 또한 전문점이 아닌 일반 주점이나 식당에서 '휘발유 조개구이'를 메뉴에 포함하고 있는 경우도 눈에 띄었다.

실외 조개구이 전문점은 호텔이나 대형 식당 같은 곳에서 인근 야산이나 정원에 조개구이 터를 조성해 운영하는 형태였다. 일반 인민들은 관광지나 바닷가에 놀러 갈 때 혹은 자신들의 집 마당이나 강변 같은 데서 '휘발유 조개구이'를 즐긴다.

대동강변을 끼고 있는 와우도 유원지 소나무 숲이 우거진 언덕 위에 올라서면 대동강이 내려다보이는 곳에 휘발유 조개구이 터가 자리 잡고 있다. 조개구이 전용 구조물은 석공들이 제작한 것이라고 한다. 넓은 크기의 돌덩이를 사각형으로 다듬은 다음 한가운데가 도톰하게 올라오도록 제작되었다. 그리고 네 모서리에는 마치 포켓볼 당구대 바다의 구멍처럼 물이 빠져나갈 수 있도록 구멍을 뚫어 놓았다. 그 돌판 위에서 휘발유를 뿌려가며 서해 대합조개를 구워 먹는 것이다.

조개를 까먹은 다음에는 뒤처리를 위해 껍질들을 대동강변 쪽 언덕 아래로 던져버린다. 이미 언덕 아래에는 수십 년간 주민들이 내다 버린 조개껍질 무더기가 산더미처럼 쌓여 있어, 거대한 패총(조개무덤)이 형성된 지 오래였다.

이처럼 '휘발유 조개구이'는 실내와 실외 모두에서 가능한 요리다. 북에서는 민간 요리로 토착화된 지 오래다.

'휘발유 조개구이'는 위생적으로 아무런 문제가 없다

조개를 굽는 과정에서 사용되는 연료가 다름 아닌 휘발유라서 혹시 다 익은 조개에서 역겨운 기름 냄새라도 나지 않을까 의문을 갖는 것은 당연하다. 처음에는 필자도 똑같은 생각이었다. 하지만 냄새가 나거나 조개 고유의 맛이 변질되지 않을까 하는 생각은 기우에 불과했다.

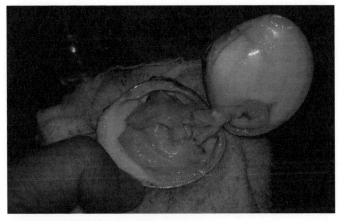

— 다 익은 조개 속에 향긋한 조갯살이 알차게 들어 있다.

예상과는 달리 시커먼 껍데기 속의 하얀 조갯살은 환상적인 맛 그 자체였다. 조개 껍데기가 시커멓게 그을려서 미관상 좋지 않아 보이는 게 옥에 티였을 뿐이다. 막상 조갯살에서는 전혀 역겨운 냄새가 나지 않았으며, 오히려 조개의 향긋한 풍미가 더욱 강렬하게 살아났다.

휘발유에 불이 발생하면 휘발성 물질이 날아간다 해도 휘발유 성분 중의 다른 유해물질이 남기 마련이다. 이 때문에 먹는 사람의 건강에 해롭지 않을까 반신반의하게 되는 것이다.

이에 대해 '소나무동산'의 조개구이 남성 봉사원은 "오히려 벤젠을 비롯한 휘발유의 여러 성분들은 다른 탄화수소와는 달리 인체에 무해하며 향긋한 냄새를 풍긴다"고 역설했다.

봉사원의 해명을 듣는 순간, 어렸을 때 시골에서 경험한 휘발유나 석유와 관련된 추억들이 스쳐 지나갔다. 남포불에 기름을 채워넣기 위한 도구가 없던 시절이었기 때문에, 드럼통에 호스를 집어넣고 한쪽 호스 끝을 입으로 힘차게 빨아 그 흡입력으로 남포 연료통에 연료를 채웠던 것이다. 또 회충약이 없었기 때문에 마을사람들이 회충약을 대신해 휘발유를 소량 복용하는 것을 보면서 자랐다. 그래서인지 필자는 휘발유에 대한 큰 거부감은 들지 않았다.

동해안과 서해안 지역의 조개 종류와 굽는 방식이 달랐다

이북 동포들이 즐겨 먹는 조개구이는 서해안과 동해안에 거주하는 주민들이 서로 요리하는 방식이 달랐다. 즐기는 조개 종류도 달랐다.

　서해안 지방에 사는 주민들은 일명 '서해 대합'이라고 부르는 조개만을 선택해서 휘발유를 뿌려 그 불에 익혀 먹었다. 서해 대합조개의 가격은 이북 화폐로 1kg에 대략 600~700원(5kg에 3,000~3,500원)이었다. 하지만 동해안 지방에 사는 주민들은 일명 '대형 섭조개'만을 선택해서 휘발유불이 아닌 장작불로 구워 먹었다. 장작불에 사용되는 섭조개는 일반 홍합과는 다른 종류의 조개로, 동해 바다에 서식하는 자연산이 대부분이었다.

—— 그릴에 얹은 섭조개를 장작불을 이용해 굽고 있다.

　섭조개는 홍합처럼 생겼지만 어른 손바닥만 한 크기를 자랑한다. 단백질, 칼슘을 비롯해 마그네슘, 철분 등의 고단위 영양분을 골고루 갖추고 있다고 알려져 있다. 그래서 그런지 동해안 대형 섭조개의 가격은 서해 대합조개보다 약간 비쌌다. 이북 화폐로 1kg에 대략 700~800원(5kg에 3,500~4,000원) 정도였다.

오염되지 않은 이북 동해안 청정해역의 바다 속에서 채취한 섭조개의 껍데기는 워낙 단단해서 어른이 올라가서 발로 밟아도 부서지지 않을 정도이다. '섭조개 장작불구이' 맛도 '휘발유 조개구이' 못지않게 최고의 진미를 자랑한다.

강원도 양양 지방에서부터 북쪽으로 거슬러 올라가면, 예로부터 이 섭조개로 국을 끓여 산모나 환자들의 보양식으로 먹였다고 한다. '섭조개 장작불구이'는 일제시대 이전인 조선시대부터 내려오던 민간 전통으로 전해진다.

아직도 동해안 주민들이나 그곳을 찾는 방문객들은 간혹 '섭조개 장작불구이'를 즐긴다. 하지만 평양 시내를 비롯한 이북의 모든 동해, 서해 지역의 주민들은 번거로운 '섭조개 장작불구이' 방식보다는 구하기 손쉬운 서해 대합조개와 휘발유를 이용해 간편하게 요리할 수 있는 '휘발유 조개구이' 방식을 애용하고 있었다.

8.

콩나물김치 맛에
매료되다

'토장국'과 함께 먹은 '콩나물물김치'

어느 날 지방 일정을 마치고 일행과 함께 평양 시내로 복귀하는 과정에서 작은 도시에 들러 늦은 점심식사를 하게 되었다. 이때 된장찌개가 먹고 싶어 토장국을 주문했다.

미국에 살면서도 워낙 된장찌개를 좋아하다 보니 아내가 거의 매일 아침 뚝배기 된장찌개나 청국장을 끓여준다. 덕분에 각박한 이민 생활 속에서도 행복한 식생활을 누리고 있다. 그런 만큼 북을 방문해서도 자연스레 자주 토장국을 찾게 되었다.

평양 시민들은 된장찌개를 '된장지지개'로 부르거나 '토장국'이라고 부른다. 내게는 '지지개'라는 말보다 토장국이 훨씬 부르기

편하고 전통적인 느낌이 들었다.

평양이나 이북의 여러 지방에서 맛본 토장국은 두말할 필요 없이 평생 먹어 본 된장찌개 중 으뜸이었다. 독특한 된장에서 우러나오는 깊은 장맛, 그리고 말로 표현할 수 없는 구수하고 담백한 향의 여운이 일품이었다.

—— 평양 시내 식당에 올라온 콩나물김치.
　　상큼한 맛과 콩나물의 아삭한 식감을 느낄 수 있었다.

점심식사 시간을 놓쳐 시장기가 돌던 필자는 주문한 토장국 메뉴에 딸려 나온 여러 반찬들 중에 무심코 콩나물로 보이는 반찬을 먹어보곤 그 맛에 사뭇 놀라지 않을 수 없었다. 그 반찬의 이름이 바로 '콩나물물김치'였다.

체류하고 있던 평양 시내 호텔의 식당과 초대소에서 '콩나물김치'를 아주 맛있게 먹은 적은 몇 차례 있었다. 하지만 이날 우연히 먹게 된 '콩나물물김치' 맛은 가히 일품이었다. 그냥 '콩나물김치' 보다는 '콩나물물김치' 맛이 더 좋았다. 아삭아삭 씹히는 무우채와 시원하면서도 칼칼한 국물 그리고 새콤하게 익어 고소한 맛을 내는 콩나물의 맛은 평생 배추김치를 벗해 온 나의 식감에 큰 반전과 도전을 줬다.

토장국과 콩나물물김치의 맛은 서로 어우러져 궁합을 이루는 듯했다. 멸치를 우려낸 육수에 된장을 풀고 콩가루, 들깨 등을 적절히 배합해 두부, 버섯 따위를 넣어 끓인 토장국은 남측의 된장찌개와 비슷한 재료가 들어간다 해도, 근본적으로 된장 때문에 그 맛과 향이 전혀 다르다.

토장국은 계절에 따라 봄, 가을에는 풋고추나 빨간고추를 넣고, 겨울에는 시래기를 넣기도 한다. 이날 주문한 토장국에서 작은 고깃점이 간혹 씹히길래 물어보니 돼지고기를 아주 작게 썰어 넣었다고 한다.

토장국도 그 맛이 기막힐 뿐 아니라 반찬으로 나온 콩나물물김치로 인해 여독에 쌓인 입맛이 되살아나 공기밥 한 그릇을 순식간에 먹어 치웠다. 물김치를 마치 국에 밥을 말아먹듯 독식하며 순식간에 먹어 치웠다. 콩나물물김치가 금세 바닥을 드러내자 일행들 보기에 민망해 추가 주문을 했다. 그랬더니 별도로 계산을 해야 한단다.

최근 평양을 비롯한 이북의 식당들은 외국에서 방문한 손님들이 배추김치나 일반 반찬을 추가 주문할 경우 식사비를 계산할 때 반찬 값을 추가해서 받는다. 과거와 달라진 풍속도다.

일행들은 나를 배려하는 듯 리필 주문에도 거의 손을 대지 않았다. 그 바람에 결국 나 혼자 콩나물물김치 두 그릇과 공기밥 세 그릇을 뚝딱 해치우는 기염을 토했다.

—— 지방의 한 식당에서 추가 주문한 콩나물물김치를 독식하듯 먹고 있는 필자.

분단 70년은 남과 북의 김치 맛을 다르게 했다

이번 방북에서 가장 인상 깊었던 음식은 아무래도 '콩나물물김치' '가자미식해' '토장국'이었다.

그런데 콩나물김치를 가장 맛있게 담그는 지역은 평안남도라고 한다. 원래 평안도는 콩나물김치 외에도 백김치가 유명하고, 통김치, 깍두기, 꿩김치, 가지김치, 나복동치미 등도 유명세가 높다. 하지만 다른 지방에서는 찾아볼 수 없는 콩나물김치가 단연 최고였다.

분단 70년 동안 평안도뿐 아니라 이북 각 지역에서 민간을 중심으로 지역 환경에 따라 특이한 김치들이 다양하게 개발되었다. 황해도는 가을에 익어가는 감을 따서 만든 감김치를 비롯해 호박김치, 쌈김치, 섞박지가 유명하다. 반면 함경도는 동치미김치, 석박김치, 가자미식해, 쑥갓김치, 함경도대구깍두기, 파김치, 강원도는 더덕김치가 이름 높다. 경기도에는 연꽃동치미와 오이소박이가 유명한데, 특히 개성지방의 보쌈김치는 최고의 명성을 자랑한다.

북측 지역과 마찬가지로 남측에서도 분단 이후 각 지방마다 특색있는 김치들이 많이 개발되었고 결국 70년의 세월이 지나는 동안 이북 지역과 남한의 김치는 그 맛과 요리 기술에서 큰 차이를 보이게 되었다.

남측은 서구 음식 문화의 영향을 크게 받았을 뿐 아니라 대부분의 가정이 땅속에 파묻는 항아리나 김장독 대신 김치냉장고를 갖추고 있다. 게다가 양념과 조미료, 향신료를 손쉽게 구할 수 있다. 그러다 보니 최대한 주재료의 맛을 살려 자연 환경에서 발효시키는 북측의 김치와 틈이 벌어지게 되었다.

남측의 김치 문화는 발전과 퇴보를 동시에 겪고 있는 듯해 보였다. 필자의 입맛으로 평가하자면 자신들이 직접 생산하는 주재료를 활용해 그 지역의 기후에 맞춰 최소한의 양념으로 자연스럽게 발효시킨 이북의 김치에서 더 상큼하고 깊은 맛을 느낄 수 있었다.

아무튼 전통적인 발효식품인 김치는 우리나라 삼천리 각 지방이 저마다의 독특한 차이를 지니고 있다. 하지만 콩나물로 김치를 담가 먹는 것은 평생 처음 목격했다. 평안남도 사람들은 콩나물을 단순한 반찬으로 무쳐 먹거나 국을 끓여 먹는 것을 넘어 오랜 세월 동안 여러 형태의 콩나물김치를 담가 먹은 것이다.

행정구역으로 볼 때 평안도 지방은 오늘날의 자강도와 평안북도, 평안남도가 속한 곳이다. 서해를 낀 해안지대와 산세가 험한 산간지대를 포괄하고 있어 곡식, 고기, 물고기, 산나물 등이 풍부하기 때문에, 특색있는 김치 요리들이 탄생하지 않았을까 싶다.

역사적 지리적으로 중요한 위치에 있던 평안남도는 일찍부터 음식재료가 풍부해 콩나물김치 외에도 자랑할 만한 음식문화 유산이 많은 고장이다. 이 지방 음식의 특징은 유달리 짜지도 싱겁지도 맵지도 않아 누구의 입맛에나 잘 맞을 뿐 아니라, 그렇기 때문에 각자의 구미에 따라 간을 맞춰 먹을 수 있다. 그래서일까. 과거 김치공장을 현지 시찰한 김정일 국방위원장이 김치 개발을 지도하면서 모든 제품은 평안남도의 김치를 기준으로 연구해 생산할 것을 강조했다고 한다.

"콩나물김치는 장군님이 가장 좋아하시는 찬이었습니다"

필자가 체류기간 내내 콩나물김치 예찬론자가 되자, 안내원과 운전기사를 비롯해 몇몇 낯익은 관료들은 틈만 나면 콩나물김치에 대한 여러 이야기들을 재미삼아 귀띔해주었다. 그들은 특히 콩나물김치가 김정일 국방위원장도 가장 좋아하던 반찬이라고 이구동성으로 알려주었다. 평소 요리 만드는 것을 좋아하고 미식가였던 김국방위원장이 한편으로는 매우 소탈하고 서민적인 면모를 지녔다는 것을 엿볼 수 있었다.

── 머리와 꼬리 부분을 절단해 발효시킨 콩나물김치가 초대소 식탁에 오른 모습.
　　다른 재료 없이 순수하게 콩나물만 사용했다.

그러고 보니 과거에 콩나물김치와 관련한 일화를 이미 들은 기억이 났다. 미국 백악관 출입기자를 40년간 지낸 UPI 통신 출신의 문명자 여사가 김정일 국방위원장을 접견해 인터뷰한 이야기였다.

역사적인 6·15 남북정상회담 취재차 평양을 방문한 문기자는 곧바로 미국으로 귀국하지 않고 평양에 좀 더 머물렀는데 이때 김정일 국방위원장의 배려로 6월 30일 접견이 성사되었다. 인터뷰를 겸한 접견이 무려 6시간 동안 진행되는 동안 점심식사 때가 되자 함께 식사를 하게 되었다. 문기자는 식사 도중 콩나물김치를 맛보

—— 토장국(된장찌개) 반찬으로 딸려 나온 콩나물물김치.
열무 물김치를 연상케 하는 맛이 일품이었다.

게 되었다.

"이건 분명 콩나물인데 김치 맛이 납니다. 어떻게 이런 것을 만들

수가 있을까요? 참으로 신기한 맛입니다."

"아, 콩나물김치는 나도 매우 좋아하는 찬입니다. 콩나물을 뜨거운 물에 슬쩍 데친 후에 마늘, 생강, 고추를 넣어 김치처럼 익히면 이런 맛이 납니다.《우리민족끼리》 관련기사 인용)"

평소 요리에 큰 관심을 보였던 김위원장은 문기자에게 이처럼 요리 방법까지 친절히 알려주고, 자신도 평소 좋아하는 반찬이었다고 밝힌 것이다. 훗날 이 이야기는 북측 언론 매체의 보도를 통해 실화임이 밝혀졌다.

김위원장 이야기를 들려준 평양 시내 식당 지배인은 전문 요리사가 아님에도 불구하고 겨울철이 되면 집집마다 담그는 김장김치를 맛있게 만드는 비법 한 가지를 필자에게 귀뜸해주었다.

"최선생님, 김장김치를 담그다 보면 보통 배추 속에 무우를 넣지 않습니까? 그런데 저희는 '무우' 대신 '생감자'를 썰어 넣습니다. 감자를 넣어 김치를 담그면 그 맛이 아주 일품입니다. 가서 부인께도 꼭 알려주십시오."

"아, 그렇습니까? 저는 처음 듣는 이야기입니다. 감자를 넣으면 김치 맛이 떨어질 것 같은데요?"

"그렇지 않습니다. 무우 대신 감자를 넣으면 김치를 오랫동안 보관해도 빨리 시어지지 않는 효과가 있으며, 배추 맛도 더 좋아져 때식(끼니)이 되면 강보리밥(꽁보리밥)에 먹어도 입맛을 살립니다."

"김장김치에 감자를 넣은 것은 옛날부터 내려온 전통입니까?"

"아닙니다. 우리 공화국에서도 김치에 감자를 넣은 지가 10여 년뿐이 안됐습니다. 10년 전에 우리나라 료리 개발 성원들에 의해 개발이 되어 알려졌고, 지금은 온 나라 인민들이 이런 방법으로 담가 먹고 있습니다."

지배인의 말이 매우 일리가 있다는 생각이 들었다. 감자를 넣으면 아무래도 무우처럼 아삭아삭하거나 상큼한 맛은 덜하더라도 담백함은 비할 데가 없을 것 같다.

남녘으로 내려갈수록 날씨가 고온이기 때문에 김장김치는 그만큼 빨리 시큼해지고 시어진다. 그걸 방지하기 위해 남측 사람들은 강한 양념을 사용하거나 소금을 과다 사용해 김치가 짜고 매운 편이나, 북녘에서는 그럴 필요가 없었던 것이다.

이북은 겨울철이 길고 남측보다 훨씬 추워서 김치가 시게 될 걱정이 적다 보니 대체로 양념이 적게 들어간다. 그래서 맵거나 짜지 않다. 이처럼 이북의 김치 종류들은 대부분 원재료의 맛을 최대한 살려 은은히 발효시킨 것들이라 담백하고 새콤하면서도 깊은 맛이 났다.

'콩나물김치' 담그는 법을 알려주다

필자가 평양 안산관 식당에서 먹어본 '콩나물김치'와 '가자미식해'는 두고두고 잊지 못할 맛이다. 식당을 방문할 때마다 맛있다며 연신 고백을 하니 식당 지배인으로 보이는 듯한 나이든 봉사원이 다음에 오면 요리 방법을 알려준다고 하길래, 출국 이틀 전에 일부러 찾아갔다.

— 병실에 전달된 외과 환자용 점심식사.
 야채, 과일, 육류, 샐러드, 튀김 등의 음식이 골고루 섞여 있다.

 점심시간이 끝나갈 무렵에 방문해 늦은 식사를 하다 보니 봉사원들과 여유있게 대화를 나눌 수 있었다. 식사를 다 마치자 여성 요리사 두 명이 와서 '콩나물물김치'와 '콩나물김치' 담그는 법을 친절하고도 소상하게 알려주었다.

— 첨단연구 및 생산설비를 갖춘 부지면적 50만㎡의 평양남새과학연구소. 태양열박막온실, 수경온실, 연구포전에서 수백 종의 채소와 식물이 재배되고 있다.

"우선 '콩나물물김치' 요리 재료를 알려주시기 바랍니다"

"콩나물물김치는 콩나물과 무우, 쪽파, 당근, 마늘, 고춧가루, 소금만 있으면 만들 수 있는 아주 손쉬운 료리입니다. 마지막에 설탕 대신에 사카린을 조금 넣어 버무리면 됩니다."

"사카린이 왜 들어갑니까?"

"단맛감(감미료)으로 맛을 내느라 설탕을 넣게 되면 콩나물물김치에서 거품이 나고 순수한 맛이 변질됩니다."

"우선 적당한 량의 콩나물을 바구니에 담아 콩껍질과 잔꼬리를 깨끗이 다듬어 최대한 콩나물 형태를 유지해야 합니다. 무우와 당

근도 가늘게 채를 썰면 되고, 쪽파는 적당한 크기로 썰고 마늘은
잘 으깨 놓으면 됩니다."

"그럼 시작해보겠습니다. 우선 콩나물을 끓는 물에 1분 이내로
살짝 데쳐야 하며, 이때 끓는 물에 소금을 넣고 데쳐야 합니다. 그
래야만 콩나물 형체도 노릇노릇 살고 풋내가 없어집니다. 데친 콩
나물을 냄비에서 꺼내 채반에 담아 충분히 식히면 됩니다. 이때 콩
나물 데친 물을 버리면 안됩니다. 시원한 김칫국물 맛을 내기 위해
서는 데친 물을 넣어야 좋습니다. 데친 콩나물이 적당히 식었으면
콩나물 데친 물을 식힌 후에 부어주면 됩니다. 데친 물은 콩나물이
잠길 정도로 부어줍니다. 그리고 채를 썬 무우와 당근과 쪽파를 넣
어주고, 데친 물이 빨갛게 될 정도로 고운 고춧가루를 충분히 넣어
주면 됩니다. 그리고 방금 전에 알려드린 대로 설탕을 넣지 말고 사
카린을 차 수저(티 스푼) 반 정도 넣고 잘 버무려주면 모든 과정이
끝납니다. 그리고 냉장고나 선선한 곳에 하루 정도 숙성시킨 후에
꺼내 드시면 됩니다."

콩나물김치는 배추김치와 달리 계절에 구애됨이 없이 만들어 먹
을 수 있는 편리함이 있고, 주변에서 손쉽게 구할 수 있는 재료이다
보니 매우 경제적인 음식이라는 생각이 들었다. 또한 겉으로 보기
에는 평범해 보이나 그 맛이 독특하고 국물이 시원해 평소 열무 물
김치를 먹는 식감과 비슷했으며, 콩나물의 고소함이 더해져 색다
른 반전으로 느껴졌다.

—— 여의도 면적의 10배 가까운 대동강종합과수농원.
　사진 속 과수는 사과나무이다.

콩나물김치 맛에 매료되다　　　　　　　　　　**145**

"그럼 이번에는 '콩나물김치' 담그는 법을 알려주시기 바랍니다."

"콩나물김치는 콩나물과 미나리, 쪽파, 마늘, 생강, 소금만 있으면 만들 수 있습니다. 우선 콩나물물김치에 넣었던 무우와 당근을 빼고, 그 대신 미나리, 빨간 고추(혹은 파란고추)가 들어가야 합니다. 미나리는 잘 손질하여 손가락 두 마디 크기로 썰면 됩니다. 쪽파도 적당한 크기로 썰면 되고, 생강, 마늘은 잘 으깨 놓으면 됩니다. 우선 콩나물을 잘 다듬은 후에 소금을 넣은 끓는 물에 콩나물을 살짝 데칩니다. 데친 콩나물을 충분히 식히고 미나리, 파, 마늘을 넣고 골고루 버무리면 됩니다. 그런 다음에 고운 고춧가루를 물에 풀고 체에 받아 국물이 약간 우러나게 한 후에 고추는 어슷썰기로 채를 썰어 데친 콩나물에 고루 섞어줍니다. 잘 버무린 후 단지에 넣고, 콩나물을 데친 국물에 간을 맞춘 후 단지에 붓습니다. 그리고 하룻밤을 자고 나면 콩나물이 익기 시작해 아주 담백하고 구수한 맛을 냅니다."

"고맙습니다. 미국에 돌아가면 당장 만들어 먹어야겠습니다."

"네, 직접 만들어 보시기 바랍니다. 콩나물김치는 그 맛이 구수하면서도 시원해서 고기를 곁들인 음식상이나 술상에 올려 놓아도 아주 좋습니다. 그뿐 아니라 콩나물물김치의 경우에는 시장기가 돌면 국물에 국수를 말아 먹으면 매우 시원하고 칼칼해서 그 맛이 일품입니다."

그후 미국에 귀국한 다음 아내와 함께 서너 차례 콩나물김치 요리를 시도해보았다. 하지만 모두 비참하게 실패하고 말았다.

9.

평양의
결혼식 잔치를 가다

큰상에 '상감'을 올리고 흥겹게 치르는 결혼 잔치

북녘땅을 방문했을 때 우연히 여러 종류의 경조사를 목격하고 참석하였다. 젊은이들의 결혼식 피로연과 노인들을 위한 수연례(壽宴禮)는 매우 인상적이고 깊은 여운이 남았다. 또한 이북에 산재해 있는 국립묘지들을 틈틈이 탐방하다 보니 성묘를 드리거나 장례를 치르는 모습도 간혹 목격했다.

북에서는 '결혼'뿐 아니라 '돌', '환갑' 등의 행사를 표현할 때 '결혼 잔치', '돌 잔치', '환갑 잔치'라는 말을 사용한다. 명칭 뒤에 꼭 '잔치'라는 말을 붙인다. 말 그대로 잔치는 기쁜 일이 있거나 경사스러운 일이 있을 때 여러 사람이 모여서 즐기는 자리다.

남측의 결혼식은 피로연을 포함해 두세 시간도 채 걸리지 않아 속전속결로 끝난다. 반면 북측의 전통 결혼 잔치는 대략 3일 동안 이어진다. 신랑 신부와 하객 혹은 부모와 하객 사이에 친밀한 소통 문화가 공존하는 까닭에 매우 정감이 넘치고 넉넉하다. 하객들은 오랜 시간 동안 머무르며 잔치를 즐긴다. 맨 마지막으로 "국수 들어옵니다" 하는 말과 함께 국수 한 그릇을 대접 받게 되면 대개 자리에서 일어나 집으로 돌아간다. 분단 70년의 세월이 흘렀지만 다행스럽게도 남과 북 모두 결혼 잔치에 대한 전통적인 개념은 공유하고 있다 할 수 있다.

우리나라의 전통 혼례는 유교 예식에 따른 복잡한 절차를 따라야 했다. 먼저 신랑은 사모관대를 착용하고 신부는 활옷과 원삼을 입은 채 머리에는 족두리를 썼다. 결혼 의식은 기러기같이 부부의 의리를 지키겠다는 서약의 일종인 '전안례', 초례청에서 상견하는 '교배례', 청실홍실로 묶은 표주박에 든 술을 서로 교환해 마시며 하나가 되는 '합근례', 혼례 성사를 하늘에 고하는 '고천문 낭독' 그리고 마지막 '회혼 선포' 순으로 진행되었다.

젊은이들의 결혼식이나 노인들의 장수 잔치인 수연례 때는 반드시 '큰상'에 '상감'을 올렸다. 주인공이 착석하는 주빈석 테이블 '큰상'에 풍성한 과일과 요리, 육류, 다과류, 주류 등을 진설하는 것을 상감이라고 일컬었다.

그러나 일제 36년을 거치고 해방을 맞이한 뒤 이북에 사회주의 체제가 들어서면서 혼례 문화는 큰 변화를 겪었다. 제국주의 요소와 봉건주의를 청산하는 차원에서 관혼상제가 대폭 간소화되어 이북식 사회주의에 따른 새로운 문화가 정착되었다.

─── 안산관 2층 연회장에서 열린 결혼식 피로연 테이블에 놓인 음식.
   하객들이 축가에 맞춰 박수를 치고 있다.

과거의 전통적인 혼례 문화는 모두 없어지고 복잡한 의식과 제도가 간소화되었다. 그렇다고 서구식 결혼을 모방한 것도 아니었다. 사회주의 민간 전통에 의한 결혼식 문화가 정착되면서 형식보다는 남녀의 결혼 자체에 의미를 두게 되었던 것이다. 초기에는 신랑 집과 신부 집을 오가며 두 번의 결혼 잔치를 벌였다.

과거와 달리 지금은 결혼전문 예식장에서 한 번만 치르는 문화가 자리잡아가고 있다. 신랑 신부와 부모가 앉는 주빈석에는 3단

케이크, 5단 케이크가 등장하고, 각종 꽃과 과일 등으로 헤드 테이블을 화려하게 장식한다. 결혼식의 진행은 주례 없이 사회자가 이끌게 된다. 군더더기 없이 심플하게 예식이 진행되는 것이다.

하객들이 먹는 요리와 음식은 대개 15가지에서 20가지 내외다. 음식 테이블에는 각종 술과 안주, 과일 등이 별도로 제공된다. 물론 형편과 지방색에 따라 차이는 있다.

결혼식 전문 식당과 회관은 평양에만 30여 곳

사회주의 체제가 들어선 이후 신랑 집과 신부 집에서 각각 한 번씩 결혼식을 치르게 되었다. 잔치를 두 번 치르는 것이 관례였다.

그러나 1988년 2월 결혼 전문식당인 경흥관이 개업하면서 예식장에서 한 번만 거행하는 '합동결혼식'이 정착하고 있다. 여기에서 말하는 '합동결혼식'의 의미는 남측에서 이해하는 바와는 달리, 잔치를 두 번 치르지 않고 단 한 번만 치른다는 뜻이다.

또한 한쪽 집이 먼 지방이나 오지인 경우에도 손님들에게 양해를 구하고 한 번만 결혼식을 치른다. 평양과 지방 대도시에서는 전문 결혼식장이나 큰 규모의 식당에서 단 한 번만 결혼 잔치를 거행하는 가정이 점차 늘고 있다. 물론 지금도 가정집에서 결혼식을 올리는 신혼부부가 많은 것은 사실이다.

현재 평양에는 결혼 전문 식당 30여 곳이 성업 중이다. 결혼 풍습이 바뀌어 젊은이들이 집에서 하는 결혼식보다 전문 식당에서 하는 결혼식을 더 선호하기 때문이다.

최초이자 최고의 결혼 전문회관은 경흥관이다. 이 밖에도 청류관, 옥류관, 청춘관, 문수식당 등이 결혼식을 올릴 수 있는 시설을 갖춘 식당으로 손꼽히는데 이들 식당은 이를테면 국영 결혼식장이다.

창전거리에 세워진 선경종합식당, 평양호텔 건너편의 오페라극장 별관, 보통강구역의 안산관 2층 연회장도 훌륭한 결혼 전문 식당들이다. 이보다 규모가 훨씬 더 큰 평양 시내 호텔이나 평양시 중구역 민속식당도 결혼식과 피로연을 동시에 치를 수 있는 전문 고급 식당이다.

경흥관이 개업한 이듬해인 1989년 대동강구역 청류동에 개업한 '문수식당'은 경흥관처럼 수요를 감당하기 어려울 정도로 호황을 누리고 있다. 고려호텔과 양각도호텔을 비롯해 외국인 위주의 숙박 봉사기관들도 결혼식 주문을 받을 수 있도록 제도화되었다.

1990년대 중반에 발생한 '고난의 행군' 시기나 피치 못할 자연재해를 당해 농업 생산에 엄청난 피해를 입은 시기에는 당과 정부 차원에서 관혼상제를 간소화하라는 지침이 내린 적도 있었다. 하지만 그 외의 시기에는 인생에 단 한 번뿐인 결혼 잔치를 화려하고 기억에 남도록 치르려는 인민들의 요청에 맞춰 당과 정부도 이를 지원했다.

식량 사정이 악화되어 관혼상제를 소박하게 치러야 할 경우에도 국수와 떡, 돼지고기 정도의 기본 잔칫상 음식을 장만해 옥수수로 빚은 '농택이' 술로 잔치를 치렀다고 한다. 평소 일반 인민들이 즐기는 술은 농택이, 빼주(고량주), 맥주 3가지가 대표적이다. 간혹 넉넉한 집안의 잔치에 가면 35도짜리 '태평술'이나 빈지미를 씌운 고급스러운 병에 담긴 양주를 맛 볼 때도 있다고 한다.

결혼식이나 명절에 맞춰 술은 국가에서 기본적으로 배급해준다. 하지만 아무래도 결혼 잔치에 사용하기에는 부족하다. 그래서 잔치가 있을 때는 별도로 구입하는 경우가 많다.

예기치 않은 결혼식 잔치에 가다

평양 시내에서 결혼식 장면을 처음 목격한 것은 아주 우연이었다. 평양에 체류하고 있던 어느 주말, 일행과 함께 소형 버스를 타고 이동 중이었다. 갑자기 소변이 마려워 실례를 무릅쓰고 안내원과 운전기사에게 부탁해 가까운 건물 앞에 차를 세우게 되었다. 차가 서자마자 화장실을 찾기 위해 건물 안으로 무작정 뛰어 들어갔다. 나중에 알고 보니 그 건물은 대동강 강변로 부근에 위치한 오페라극장 별관이었다.

출입구 1층에 있는 화장실에서 볼 일을 보고 나오려는데 갑자기 윗층 어디에선가 음악 소리가 우렁차게 들리고, 사람들의 웃음소리도 크게 들려 오는 것이 아닌가? 무슨 일인가 싶어 살그머니 올라가보았다. 한눈에 봐도 결혼식 잔치가 벌어지고 있는 광경이었다.

그렇지 않아도 다음 평양 방문 때는 결혼식 전문 회관인 경흥관을 참관하려던 참이었는데, 뜻하지 않게 특종감을 만난 것이다. 급히 차량으로 뛰어 올라가 안내원에게 양해를 구하고 카메라를 챙겼다.

―― 신부 집에서 주관하는 결혼식 잔치의 주빈석에 앉아 달콤한 밀담을 나누는 신랑 신부.

일행들도 결혼 잔치를 구경하겠다며 우르르 하차했다. 2층에 도착한 우리 일행 대여섯 명은 불청객 주제에 잔치를 구경하면서도 한편으로는 주변 눈치를 봐가며 카메라 셔터부터 눌렀다.

어느 나라든 혼인 예식은 인륜지대사이면서 집안의 중요한 큰 경사이다. 그래서 손님으로서 격식과 예절을 갖춰야 한다. 그럼에도 불구하고 우리는 정식으로 초청 받은 손님이 아니라는 걸 잠시 망각했다. 염치불구하고 혼주측의 양해를 구했다. 그런 다음 다시 카메라 셔터를 눌러대며 사진과 동영상을 찍기 시작했다. 눈 앞에서 결혼식이 진행되고 있다는 사실이 도저히 믿기지 않았다.

결혼식은 파격의 연속이었다. 주례 대신 정장 차림의 사회자가 김정은 위원장에 대한 충성의 결의가 담긴 축사를 낭독했다. 이어서 축배의 잔들이 오가고, 곧 취기가 오른 손님들이 하나둘씩 들뜬 분위기를 연출했다. 신랑 신부가 앉아 있는 주빈석 앞의 공간은 무도회장처럼 자리가 넓어 노래를 부르거나 춤추기에 안성맞춤이 있다. 스피커에서는 경쾌한 무도곡들이 배경 음악으로 계속 흘러나왔다. 피로연의 오락(여흥) 프로그램은 남측이나 미국보다 더 화려하고 흥겨운 분위기에서 진행되었다. 수준 높다고 자처하는 남측의 결혼식 행사와 비교해 외견상으로나 내용상으로 큰 차이가 느껴지지 않았다. 주인공과 혼주 가족은 물론 하객들의 얼굴에서도 여유로움과 즐거움이 느껴졌고, 테이블 위에 오른 잔칫상 음식들도 정갈하고 풍요로웠다.

양복 대신 인민군 장교복을 입은 신랑은 화려한 분홍색 드레스를 입은 신부와 나란히 테이블 중앙에 앉아 있었다. 신랑 신부의 좌우에 신부의 아버지와 어머니가 착석한 것으로 보아 신부측이 주관한 결혼 잔치였다. 신랑 친구들에게 물어보니 신랑의 직업은 인민군 장교로서 상위(한국군 중위)였다.

식이 끝나자 가슴에 붉은 꽃을 단 사회자는 피로연 순서를 진행하느라 이리저리 분주히 움직였다. 신부의 부모는 피로연 중에도 가급적 자리를 뜨지 않고 가만히 자리에 앉아 있었다.

평소 사교적이고 넉살 좋은 나는 일부러 하객 테이블을 돌며 미국에서 방문한 동포라고 인사를 건넸다. 자초지종을 얘기하니 여기저기서 흔쾌히 동석할 것을 요청하거나, 아무런 경계심 없이 손을 잡아끌어 자기들 옆에 앉혔다. 낯설게 생각하거나 경계하지 않는 덕에 함께 먹고 마시며 허물없는 대화를 나눌 수 있었다.

— 결혼식 피로연에 참석한 하객들.
 음식이 놓인 하객 테이블 뒤쪽으로 3단짜리 축하 케이크가 보인다.

하객들을 대하면서 분단의 장벽은 그들보다 오히려 내 마음속에 도사리고 있음을 알 수 있었다. 부끄러운 마음 한편으로 북녘 동포들의 순수한 인간미와 동포에 대한 배려심을 가슴 깊이 느낄 수 있었다.

그들과 재미있는 이야기들을 나누면서 결혼식에 관한 궁금한 많은 사실을 알게 되었다. 그새 정이 들어 식장을 떠나기 전에는 하객들과 함께 기념 사진도 찍었다.

그 후로도 창전거리 고층아파트 단지 인근에 있는 선경종합식당 앞에서 가끔 결혼식을 올리는 부부를 목격했다. 선경종합식당 내부에는 '결혼식방'이라는 결혼 전문 홀이 운영 중이다. 그래서 주말이면 식당 안으로 입장하려는 신랑 신부의 퍼포먼스 행렬을 큰 도로에서도 쉽게 목격할 수 있다. 인근의 창전아파트 주민들이 발코니에서 결혼식 장면을 내려다보며 구경하는 모습도 엿볼 수 있다.

사회 기본 윤리가 된 신혼부부의 만수대 동상 참배

신랑 친구들의 말에 의하면 신랑 신부는 이미 오전에 평양 만수대 언덕을 방문해 동상 앞에서 헌화 참배하고 왔다고 한다. 자신들이 경외하고 따랐던 수령들에게 결혼 예식을 보고하는 일종의 통과의례였다. 이들 부부처럼 대부분의 신혼부부들은 결혼식을 전

후해 만수대 언덕의 동상이나 만수대 창작소 안에 있는 기마 형상의 두 지도자 동상을 방문해 평생 남게 될 결혼 기념 사진과 비디오를 찍는다.

그렇다고 헌화와 참배 행위가 법제화되어 강제적이거나 의무적인 것은 아니다. 하지만 오래전부터 형성된 통상적인 사회 기본 윤리라는 것이 하객들의 공통된 증언이었다.

이북에서의 일반적인 전통 결혼식은 신랑이 신부의 집(처가)을 방문하면서 시작된다. 장인 장모를 '가시부모'라고 부르는데, 신랑은 가시부모 앞에서 신부에 대한 평생 사랑을 약속한다. 그런 다음 기념 촬영을 마치고 식장으로 간다.

—— 신랑 신부의 친구들이 노래와 춤으로 여흥을 즐기는 모습.

이날 오페라극장 별관에서 식을 올린 신혼부부는 만수대 참배를 마친 후 만수대예술극장 앞 분수대와 주체사상탑, 연광정(조선시대 정자), 중앙식물원의 순서로 친구들과 돌아다니며 기념 촬영을 했다고 한다.

신혼부부들에게 가장 인기 있는 야외촬영 장소는 단연 만수대예술극장 앞 분수대였다. 솟구치는 대형 분수와 아름다운 꽃, 그리고 기암괴석을 옮겨다 놓은 듯한 인공 바위 사이로 떨어지는 폭포가 절경이기 때문이다. 지방 소도시나 오지에서 결혼식을 올리게 되어 두 지도자의 동상이 없는 경우에는 인근에 자리한 수령의 교시판이나 기념비 등을 찾아가 헌화하고 참배한다고 한다.

바그너의 '딴딴따딴' 〈결혼행진곡〉이 아닌 〈축복하노라〉

자세히 관찰해보니 결혼식은 주로 토요일이나 일요일 같은 공휴일에 많았다. 주례가 아예 없는 대신 친구나 직장상사가 사회를 맡아서 끝까지 진행했다. 때로는 당 간부나 사회 지도급 인사의 축사를 겸한 발언이 주례사로 간주되었다.

식이 시작되면 신랑 신부가 꽃으로 장식된 대형 아치를 통과해 식장 안으로 입장한다. 주빈석에 도착해 부모님께 인사하고 결혼식 헤드 테이블 앞에 나란히 서서 일가 친척들과 함께 기념 촬영을 하고 예식을 시작한다.

이어 사회자가 신랑 신부의 경력을 소개하고 축배를 제의한다. 하객들은 '축배' 혹은 '깨 쏟아지게 잘 사십시오' '당과 원수님의 배려를 잊지 마십시오' 등의 덕담으로 화답한다. 예식과 사진 촬영이 끝나자 곧바로 신부 친구들이 단체로 나와 결혼 축가인 〈축복하노라〉를 불렀다. 하객들도 합창하듯 모두 따라 불렀다.

축복하노라 그대들 새 가정, 축복하노라 오늘의 이 행복.
좋은 때 좋은 날 맺어진 사랑, 한 쌍의 꽃으로 활짝 피었네.
축복하노라 그대들 새 가정, 축복하노라 오늘의 이 행복.
그대들 앞길에 희망이 넘친다, 언제나 다정한 길동무 되어라.

결혼 축하곡으로 마치 애국가만큼이나 온 나라 인민들이 모두 알고 있는 듯했다. 노력영웅이며 김일성 계관 음악가인 리종오가 작곡한 이 노래는 가사도 좋고 곡조도 따라 부르기 좋았다.

현재 전 세계적으로 사용되는 결혼식 신부 입장곡은 독일의 리하르트 바그너가 작곡한 〈결혼행진곡〉이다. 원래 결혼행진곡이 아니었으나 영국의 빅토리아 여왕이 신부 입장할 때 이 곡이 연주되면서 서구사회에 퍼져 오늘에 이르고 있다.

그럼에도 불구하고 이북은 이런 대세를 거부하고 자신들만의 결혼 축하곡을 만들어 부르고 있는 것이다. 생일 축하곡도 마찬가지였다. 전 세계인들에게 통용되는 생일 축하 노래인 〈해피 버스 데이 투 유〉가 무색할 정도로 이북은 자신들만의 생일 축하 노래인 〈생일을 축하합니다〉를 오래전부터 부르고 있었다.

결혼 축하곡 합창이 끝나자 호피 무늬 단체 예복을 맞춰 입은 신부의 친구들이 나와 〈날 보고 준마 탄 처녀래요〉라는 축가를 비롯해 여러 곡을 불렀다. 수준급 노래 실력을 선보인 이들은 테이블로 돌아온 이후에도 신랑 신부의 표정을 놓치지 않고 담으려는지 연신 손전화(핸드폰)로 사진을 찍는 데 여념이 없었다.

— 호피 무늬 단체복을 맞춰 입은 신부 친구들이 신랑 신부의 표정을
휴대폰에 담고 있다.

뒤이어 신랑 친구들이 나와서 노래를 부르며 춤을 추었다. 이에 맞추어 신랑 신부 친구들이 앞으로 나와 격렬하고 코믹한 춤을 추

며 흥을 돋웠다. 한 여성은 남자와 함께 콤비를 이루어 기막힌 춤 실력을 뽐냈다. 이북 여성에 대한 선입견을 버리게 할 정도로 역동 적이고 전문적인 춤을 선보였다.

한참 술잔이 오가며 분위기가 무르익자 마지막 순서로 신랑 신 부가 노래를 불렀다. 신부는 〈려성은 꽃이라네〉라는 노래를, 신랑 은 〈아직은 말 못해〉라는 노래를 불렀다. 이북의 결혼식 피로연은 신랑 신부의 노래를 듣는 것으로 모두 끝난다.

필자는 결혼식 잔치가 끝난 후에도 신랑 신부의 일거수 일투족 을 주의깊게 관찰하였다. 식이 끝나자마자 신부는 잠시 자리를 비 우더니 미국이나 남측에서도 보기 드문 매우 화려하고 고급스러운 노란색 5단 드레스를 갈아 입고 나왔다.

신부가 입는 드레스를 '첫날 옷'이라고 부른다. 대개 조선옷(한복) 을 입고 예식에 참석하지만, 때로 흰색 서양식 웨딩 드레스를 입는 경우도 있다. 커플의 뒤를 따라 주차장까지 따라가 봤다. 신랑 신부 는 주차장에서 하객들을 배웅하였다. 신랑은 필자가 사진 촬영하 는 것을 허락하였으나, 신부는 부끄러운 듯 연신 손사래를 치면서 도 썩 싫지는 않은 표정이었다.

주차장은 하객들이 타고 온 차량들로 북새통을 이뤘다. 예식장 을 방문한 하객의 숫자로 혼주나 신랑 신부의 사회적인 위상을 입 증하다 보니, 더러 트럭까지 동원되어 하객들을 실어나르기도 한 다고 한다. 예식장에 주차된 하객들의 차량이 벤츠냐, BMW냐가

아니라, 얼마나 많은 차량이 주차되어 있느냐에 따라 그 결혼식이
행세깨나 하는 집안의 결혼식인지 아닌지 가름된다는 것이다.

—— 결혼 잔치를 마친 신부가 고급스런 드레스로 갈아입고
　　주차장에서 하객들을 배웅하고 있다.

결혼식을 가장 많이 치르는 평양 경흥관

보통강구역에 위치한 경흥관 인근에는 105층짜리 류경호텔, 류
경체육관, 전승기념관, 푸에블로 호 전시관 등이 위치해 있다. 붉은
거리와 경흥거리가 잇닿은 네거리 교차점부터 락원다리에 이르는
1천 미터 구간을 차지하고 있는 경흥관은 평양 시민들의 결혼식을

대중화하려는 목적에서 세워진 종합회관이다.

지하철 황금벌역에서 경흥거리를 따라 락원다리까지 북쪽으로 1킬로미터 정도 이어지는 이 거리는 일종의 종합적인 상업 타운이다. 총 부지면적이 5.5정보에 달하며, 연건축 면적만 7,200평방미터에 이른다고 한다.

1986년에 금수산의사당 경리부 부장이 김정일 국방위원장에게 발의하여 건설이 시작되었다. 1년 후인 1987년 완공되었으며, 광명절(김정일 위원장 탄생일)에 맞춰 1988년 2월 개관하였다.

경흥관 내부에는 결혼 전문 식당과 불고기 식당, 맥주 하우스, 빙과류를 판매하는 에스키모 집을 비롯해 각종 외화상점과 농산물 판매점이 즐비하다. 야시장, 꽃집 등 다양한 봉사시설들도 길게 늘어서 있고, 야외에는 군밤, 군고구마, 꽈배기, 솜사탕 판매점들이 자리하고 있다.

맥주 가게에서는 맛이 연하고 상쾌하면서 거품의 질과 식감이 뛰어난 다양한 종류의 대동강맥주를 판매하고, 불고기 식당에서는 노루나 곰 등의 산짐승 요리와 참새고기 요리도 선보이고 있었다. 에스키모 집은 북에서 자체 생산한 빙과류를 판매하는 상점이다.

그러나 뭐니뭐니해도 경흥관의 주력 종목은 역시 결혼 식당이다. 최근에는 결혼식만이 아니라 회갑 잔치나 첫돌 잔치의 장소로도 이용되고 있다.

결혼식을 거행하는 전문 공간은 모두 다섯 개의 큰 홀로 나뉘어

—— 평양의 호텔 연회 테이블에 올라온 음식.

평양의 결혼식 잔치를 가다

있다. 대체로 40~100명을 수용할 수 있는 규모다. 보통 50명이나 100명 단위로 예약을 받는다. 음식은 한 사람당 5달러씩 계산하며, 10~15가지 정도의 음식이 나온다. 맛도 있고 양도 괜찮게 나온다. 홀에는 기념품 판매대와 탈의실 등이 구비되어 있고, 피로연 잔치를 위한 녹음기와 악기를 갖춘 방송실도 갖추고 있다.

제5호 예식홀에는 피로연 오락시간에 사용하는 녹음기와 아코디언(손풍금), 고급 승용차가 비치되어 있었다. 승용차는 경흥관이 개업할 때 김정일 국방위원장이 하사한 것인데 마치 자동차 대리점에 전시하듯 자리를 차지하고 있었다. 신랑 신부석을 중심으로 좌우로 둘러 앉을 수 있도록 테이블이 마련되어 있고, 가운데는 큰 공간을 두어 노래와 춤과 연주를 즐길 수 있다. 신랑 신부가 앉는 주빈석 뒤에는 수예병풍이 둘러쳐져 있고, 기념품 판매대에서는 고급 술, 담배, 도자기, 당과류, 여행용 캐리어 가방 등을 판매한다.

2015년 가을에 방문해 보니 결혼식장을 예약하는 젊은 사람들이 부쩍 늘었음을 알 수 있었다. 웬만한 사람들은 집에서 잔치를 치르지 않고 식당에서 식을 올리는 추세로 바뀐 것이다.

5호실 외에도 경흥관은 1호~4식당을 갖추고 있어 동시에 5쌍이 결혼식을 올릴 수 있다. 신랑 신부가 옷을 갈아입거나 머리 단장과 화장을 할 수 있는 공간도 마련되어 있다. 결혼식을 올리는 시간은 2시간 이내로 규정되어 있다.

하루에 보통 3~5쌍이 결혼식을 올리며, 한 해 동안 약 천여 쌍의 예식을 치른다고 한다. 하객들이 식장 안에 입장하기 위해서는 객꾼이나 불청객을 구별하기 위해 신랑 신부 측에서 보내준 초대장을 손에 들고 있어야 한다. 식장 입구에는 초대장을 검사하는 남성 직원들이 배치되어 있었다.

10.

수연례 잔치를 가다

콩 섭취와 적당한 노동이 100세 장수의 비결

어느 날 필자는 평양의 호텔 건물 안을 이리저리 돌아다니고 있었다. 그러다 우연히 한 할머니의 수연례(壽宴禮) 잔치를 목격하게 되었다.

멀리서 호기심 가득한 눈으로 중앙 테이블에 놓인 상감 진열품을 물끄러미 바라보다가, 출입문 부근에서 왔다 갔다 하는 두 여성에게 잔치 주인공의 연세를 물어 보았다. 놀랍게도 그날 행사는 할머니의 100세를 축하하는 잔치였다.

두 여성 모두 할머니의 손녀딸인데 환갑의 나이가 지난 듯 보였다. 할머니의 장수 비결을 슬쩍 물어보았다.

"우리 집 로인은 소곰(소금)을 많이 넣은 짠 음식보다는 담백하고 슴슴한 맛(심심한 맛)을 좋아하십니다. 메지(메주)로 만든 토장국(된장찌개)도 잘 드시고 드비(두부)와 콩비지, 질금(콩나물)도 찬으로 아주 좋아하십니다."

손녀딸은 할머니가 평소 콩으로 만든 우리 전통 음식을 즐겨 먹었다고 답변하였다. 콩과 장수는 밀접한 상관관계가 있음을 입증하는 듯했다.

출국하기 전날에는 평양 시내 식당에서 92세 노인을 부축하고 식사하러 온 손자를 만났다. 그에게 할아버지가 무척 정정해 보이는데, 무슨 비결이라도 있느냐고 말을 건넸다.

"할아버지는 편식을 하지 않으시고 내내로(항상) 도라지와 고사리를 좋아하십니다. 토장국도 좋아하고, 간식으로 찰떡을 매일 드시다시피 합니다. 그리고 저는 지금까지 할아버지가 개와(호주머니)에 손을 넣고 다니시는 모습을 한 번도 본 적이 없습니다. 둥글소(황소)처럼 아침 저녁으로 터밭에 나가 남새(채소)를 가꾸고, 마당을 쓸고, 로동을 즐겨 하십니다."

특별한 것은 없었다. 우리 전통 음식을 좋아하고 나이 들어서도 적당하고 꾸준한 노동에 종사하였을 뿐이다. 적절한 노동의 중요성과 함께 새삼 우리 민족만이 지닌 전통 음식의 우월성을 느낄 수 있었다.

장수 수명을 연구하는 남측 학자들이 100세 노인들의 식습관을 연구한 자료에 의하면, "80%가 무침이나 나물류, 36%가 된장이나 고추장을 넣은 채소 찌개를 즐겨 먹었다"고 한다. 이처럼 남과 북의 장수 노인들의 건강 비결은 거의 동일한 것으로 보인다.

평양 국제친선병원에서 만난 의사는 유독 평양과 그 이북 지역에 장수하는 노인이 많은 까닭은, 대체로 콩과 나물, 채소 등을 규칙적으로 섭취하면서 은퇴한 후에도 개나 닭, 오리 등의 가축을 기르거나 텃밭을 가꾸는 등 적절한 노동을 유지하는 것이 비결이라고 알려준 적이 있다.

장수 잔치인 수연례 상에 오르는 독특한 상감 진열품과 하객들에게 제공되는 음식을 소개하고자 한다.

"우리 공화국에서는 그런 말 사용 안합니다"

그동안 이북을 방문하면서 환갑 잔치, 칠순 잔치 등의 수연례를 여러 차례 목격하고 직접 행사에 참석하였다. 이북에서도 우리 민족 고유의 장수 잔치를 풍성하게 치르고 있었다.

남측만큼 화려하지는 않지만 소박함 속에서 뜻깊은 분위기가 느껴졌다. 하객들은 주인공이 살아온 인생의 궤적과 연륜을 경건하게 회고하며 존중하는 모습이었다. 주체사상이 핵심인 사회주의 국가이다 보니 자신들의 장수 비결이 최고지도자와 로동당의 은덕이라고 여기는 것이 남측 사회와 다를 뿐이었다.

조선시대 후기 자료에 기록된 '수연(壽宴)'의 의미는 "인간이 태어나 60세가 지나면 잔치를 베풀어 이를 축하하는 것"이라고 정의하였다. 우리나라에서 치러 온 수연례에는 여러 가지가 있다. 60대 초반에 집중적으로 치르는 육순(六旬, 60세), 회갑(回甲, 61세), 진갑(進甲, 62세) 잔치가 있고, 70대에는 고희(古稀, 70세), 희수(喜壽, 77세) 잔치가 있다. 팔순(八旬, 傘壽, 80세), 미수(米壽, 88세)는 80대에 맞이하는 잔치이며, 90대에 치르는 잔치는 구순(九旬, 卒壽 90세)과 백수(白壽, 99세)가 있다. 또한 인생 장수의 최고봉이라고 할 수 있는 100세 생일잔치는 '상수(上壽)'라는 명칭으로 전해온다.

방북 중에 확인해보니 이북에서는 이런 용어와 명칭 분류를 배격하고 있었다. 그 이유는 무엇보다 그 용어들이 과거 일제시대에 일본인들이 사용하던 것이기 때문이었다. 해방 전부터 줏대 없이 무분별하게 받아들여 사용하던 것이라서 자신들은 그런 명칭을 사용하지 않는다는 것이다.

"산수니, 졸수니 하는 말들은 일제가 쓰던 말들인데, 근터구(까닭) 없이 우리가 왜 사용합니까? 우리 공화국에서는 지금까지 불피코(기필코) 제국주의 언어는 자제해왔으며, 가급적이면 자주적으로 우리나라 말만 사용합니다."

다시 말하지만 이남과 마찬가지로 이북에도 61세(還甲) 잔치부터 100세(上壽) 잔치까지 장수를 기념하는 각종 수연례가 존재한다.

건강하게 오래 살고 싶은 인간의 욕망은 남과 북이나 동일하며 이는 사상과 이념을 초월한다.

그러나 이북의 장수 축하 예식들은 남측과는 달리 대개 환갑, 칠순, 팔순, 구순, 백세 잔치에 국한돼 있는 듯이 보였다. 진갑((62세)이나 77세(희수), 88세(미수) 잔치를 치르는 광경은 아직 보지 못했다.

전통적으로 99세를 '백수'라 칭하고, 100세 생일을 맞이하면 '상수'라고 부른다. 또한 늙어서 질병 없이 깨끗하게 죽음을 맞이하면 하늘이 내려 준 나이를 다 살았다는 뜻으로 남과 북 모두 '천수(天壽)'라고 호칭한다.

다른 나라와 달리 이북에서는 100세 노인을 공경하는 의미에서 국가 차원에서 축하해주고, 최고지도자가 선물과 잔칫상을 마련해주는 독특한 문화가 있다. 100세 잔치 외에도 평소 사회적 국가적으로 공로가 있거나 이타적인 삶을 살아온 노인들에게 칠순 잔치, 팔순 잔치, 구순 잔치를 베풀어주는 것도 목격할 수 있었다.

십 년 동안 100세 노인 80명에게 생일상을 하사하다

사마광(司馬光)의 〈거가잡의(居家雜儀)〉에서는 "어른의 장수 잔치를 큰 일"이라 하였다. 그런 차원에서 볼 때 특별히 백세를 맞이하는 노인들은 남이나 북이나 매우 고귀하고 값진 어른들이며, 그들

—— 김정은 위원장으로부터 칠순잔치를 하사받은 재미동포의 잔칫상.

의 생일 잔치를 크게 한 판 치러도 이웃과 사회의 눈치 볼 일이 아니라는 생각이 든다. 100세 장수는 우연하거나 단순한 일이 아니라 그가 살아온 시대는 물론 그가 속한 국가의 수많은 정치적 사회적 환경과 의식주 생활 여건이 서로 조화를 이루고 뒷받침되어야만 이루어질 수 있기 때문이다.

수연례는 예로부터 노인을 공경하고 받드는 경로 의식 중에서 가장 큰 일로 여겨졌다. 고려시대에 나라에서 노인을 위해 '양로연(養老宴)'을 베풀었다는 기록이 남아 있지만, 개인적인 축수(祝壽) 예식으로는 딱히 전해 내려오는 내용이 없다.

이북의 100세 노인들은 예외없이 국가로부터 생일상 선물을 받는다. 최상의 품질만을 선별한 이른바 '9호 제품'이라고 하는 진열 품목들이 하사된다. 절기와 상관없이 열대 과일은 물론 고급 술과 상감에 오르는 품목들이 최고지도자의 이름으로 선물과 함께 전달된다.

장수를 축하하는 수연례는 주인공이 착석하는 주빈석의 큰 테이블에 반드시 '상감'을 올린다. 바나나, 파인애플을 비롯한 남방 과일(열대 과일)과 사과, 배 등의 각종 계절 과일, 그리고 나이 숫자를 조각한 수박 장식이 진설된다. 또한 룡성특수식료품 공장에서 생산하는 과자, 사탕 등의 고급 당과류를 높이 쌓아올려 장식하거나 각종 떡도 쌓아올린다.

바닷게와 잉어, 커다란 문어 등을 보기 좋게 장식하고, 절단하지

— 칠순잔치에 참석한 하객들의 모습.

않은 순대도 올려놓는다. 자르지 않은 순대는 돼지 한 마리를 잡았다는 의미를 상징한다. 토종닭을 잡아 잔뜩 멋을 부리며 서 있는 자세로 닭찜을 올려 놓기도 한다. 또한 고급 양주와 산삼주, 백로주 등이 올라오는데, 상감 한복판에는 최고지도자가 하사한 흰색 도자기 술병을 배치한다.

평범한 수연례의 경우 주인공 앞에 놓인 각종 상감과 진설품들은 각자의 형편이나 지방색에 따라 차이가 있다. 가급적 보기에 풍성해 보이게 잔칫상을 꾸미는 게 이북식 스타일이다. 하객들이 먹는 음식과 요리는 대개 20여 가지 종류쯤 된다.

지난 2007년 1월부터 2017년 1월까지 10년간 100세 생일상을 받은 노인은 80명 남짓이라고 한다. 100세 이상 장수 노인이 가장 많이 거주하는 지역은 평양시가 15명으로 으뜸이고, 그 뒤를 평안북도, 함경북도(이상 14명), 황해남도, 평안남도(이상 10명) 등이 따르고 있다. 평양에 장수 노인이 많은 것은 의료시설이 잘 구비되어 있는 등 장수에 유리한 환경을 갖추고 있기 때문일 것이다.

2,500만 명의 인구를 보유한 이북의 100세 이상 장수 노인 누적 인원이 80명이라는 것은 인구 비례로 볼 때 매우 낮다고 할 수 있다. 남측은 2015년 11월 1일 기준으로 100세 이상 고령 인구가 3,159명이나 된다. 인구 10만 명당 6.6명 꼴이다. 이남의 인구가 배나 더 많은 5,000만 명 선이지만, 그럼에도 불구하고 남과 북 사이에 현저한 차이가 있음을 알 수 있다.

이북에서도 과거보다 장수 노인들이 훨씬 증가하고 있는 것만은 틀림없는 사실이다. 이 같은 현상을 2015년 10월 《로동신문》의 '백살 장수자들이 늘어난다'는 글은 "우리 인민들의 평균 수명은 해방 전에 비해 두 배로 늘어났다. 도시와 농촌 어디를 가나 60청춘, 90환갑을 노래하며 여생을 즐겁게 보내는 장수자들의 행복 넘친 모습을 볼 수 있다"고 보도하고 있다. 평양의 애육원과 양육원 등을 방문해보니 다른 나라에 비해 이북에는 쌍둥이들이 월등하게 많았다. 특히 세쌍둥이와 다둥이들이 유달리 많아 신기하게 여긴 적이 있었다. 이북의 인민들은 쌍둥이 출산율이 높고 백세 장수 노인들이 많은 이유를 최고지도자의 인덕정치(仁德政治) 때문으로 여기고 있었다.

필자가 만난 관료들과 안내원들은 인덕정치에 대해 "최고지도자가 몸소 경로사상의 모범을 보여 당과 내각의 국정운영도 '경로정치(敬老政治)'를 기본으로 실현하는 데 있습니다. 모든 인민을 중시하고 존중하는 정치가 펼쳐지는 조선의 사회주의 제도로 인해 장수자들이 계속 늘어나고 있으며, 우리 당과 최고지도자의 은덕으로 인민들이 무병장수하고 있다"며 뿌듯한 표정을 지었다.

—— 여성 식당 봉사원들이 축가를 부르고 있다.

남측의 '청려장' 지팡이 지급과 북측의 '100세 생일상'

이북의 인민들이 인정하는 소위 '인덕정치'를 가장 먼저 주장하고 실행에 옮긴 이는 김일성 주석이며, 그후 이를 계승 발전시킨 이가 김정일 국방위원장이다. 김위원장이 모범일꾼들에게 최초로 생일상을 보내기 시작한 때는 1992년 2월이었다. 생일상은 100세를 맞은 장수 노인들에게 보내는 것과 국가 사회에 공로가 있거나 영웅 칭호를 받은 인물들에게 보내는 두 가지가 있다.

항일 빨치산 원로, 전쟁 영웅, 비전향 장기수 같은 노인들은 70회나 80회, 90회 생일이 돌아오면 선물과 생일상을 받는다. 현재의 김정은 국무위원장에 이르기까지 북녘 지도자들은 이처럼 70년에 걸쳐 사회나 국가의 원로들과 공로자들에게 생일상을 차려주고 선물을 보내는 경로정치 행보를 이어가고 있다.

남측에서는 매년 '노인의 날'이 돌아오면 100세 노인에게 '청려장(靑藜杖)'이라는 지팡이를 선물한다. 미국과 영국, 일본, 독일 같은 나라에서도 100세를 맞은 노인들에게 대통령이나 국왕, 총리가 축하 편지와 함께 선물을 보내지만, 이북의 축하 생일상과는 의미와 상징성에서 차이가 있다. 북측은 100세 노인들뿐 아니라 전 세대를 초월하여 골고루 선별 시행하기 때문이다. 김정일 국방위원장은 어느 해인가 한 해 동안 480명의 생일상과 결혼상을 차려준 적도 있었다. 이듬해는 새해 벽두부터 3명에게 팔순, 칠순, 환갑상을 차려주었으며 1991년 5월과 9월에는 평양에서 개최된 '전국 당세포 비서 강습회'와 '전국 직업반장 대회' 참가자들 가운데 환갑을 맞은 7명에게 환갑상을 하사했고, 277명의 생일상을 차려줬다. 12월에는 경험 발표회에 참가하기 위해 평양에 온 노력영웅 여성에게 생일상을 차려주었으며, 북측 기독교 대표인 조선기독교도련맹 서기장 고기준 목사의 칠순상을 차려주었다.

김정은 위원장도 2012년 1월 15일 북송 비전향 장기수 리세균에게 90회 생일상을 보낸 것을 필두로 전체 인민들을 대상으로 생일상을 하사하고 있다. 리세균은 10년 전인 2002년 김정일 국방위원장이 보낸 80회 생일상을 받기도 했다. 김정은 위원장은 가장 최근인 2018년 7월 19일에도 비전향 장기수 최선묵에게 90회 생일상을 보내주었다.

매우 특별하고 감동적인 팔순 잔치

지금부터 12년 전 북측 지역에서 매우 특별한 팔순 잔치가 열렸다. 북녘에 거주하는 아들이 모친과 헤어진 지 28년 만에 상봉해 노모에게 팔순 잔치를 올린 가슴 아프면서도 감동적인 이야기다.

현재 전라북도 전주시에 거주하는 94세의 최계월 할머니는 전쟁 시기가 아닌 평시임에도 불구하고 뜻하지 않게 막내아들 김영남과 생이별을 해야 했다. 할머니는 고등학교 1학년에 다닐 때 헤어진 막내를 지난 30여 년 동안 단 한순간도 잊어본 적이 없었다. 가슴 저리며 살아온 어느 날 정부 당국으로부터 막내아들이 평양에서 잘

— 김정일 국방위원장으로부터 생일상을 하사받은 윤이상 선생 내외.
평양 윤이상음악당 복도에 부착된 화보 사진이다.

살고 있다는 통보가 날아들었다.

우여곡절 끝에 2006년 6월 말에 성사된 제14차 남북 이산가족 상봉 행사를 통해 모자가 만나게 되었다. 아들을 만날 생각에 며칠 동안 식사도 제대로 못해 링거를 맞으며 휠체어에 의지해야 했던 노모는 막내의 얼굴을 연신 쓰다듬으며 목메어 울었다. 앳된 얼굴의 막내는 어느 덧 불혹을 훌쩍 넘겨 머리가 벗겨진 40대 중반이 되었고, 모친은 백발이 성성한 82세 노인이 되어 있었다.

상봉 이틀째 되던 날 막내아들은 북측 지역 금강산호텔에서 모친의 팔순 잔칫상을 정성껏 차려드렸다. 큰상에는 잉어, 털게, 신선로, 토종닭을 비롯해 각종 과일과 떡이 푸짐하게 차려졌다. 상감 한복판에 놓인 수박에는 '축 80돐'이라는 글자를 새겨 장식했다. 막내아들은 수박을 가리켜 "학이 날아 오르고 태양이 솟아 오르는 형상인데 복이 온대"라고 모친에게 응석 부리듯 설명했고, 잔뜩 멋을 부린 닭찜을 가리키며 "엄마, 순수 우리 조선 토종닭이야" 하고 상차림을 자랑했다.

북에서 결혼해 가정을 꾸린 그는 처자식들을 대동하고 상봉 장소에 나왔다. 그는 "어머니, 오래오래 건강하시고 80돌이 아니라 90돌, 100돌까지 건강하시라요"라고 덕담을 건네며 백로술을 따라 올렸다. 모친은 감정을 이기지 못해 또 다시 눈물을 쏟아냈고, 옆에 서서 지켜보던 손녀와 며느리도 연신 눈물을 흘렸다. 이어서 며느리가 술을 한 잔 따라 올린 뒤 부부가 함께 큰절을 올리고, 손자와 손녀도 생전 처음 보는 할머니에게 큰절을 올렸다.

그뿐 아니었다. 막내아들 김영남은 어머니를 위해 나무상자에 소중히 담긴 '조선산삼, 조선평양'이라고 쓰인 90년짜리 산삼을 선물했고, 상자에 담긴 고급 비단 옷감도 선물했다. 손자 손녀도 고려청자 기법으로 만든 생활 도자기 세트를 정성스레 준비해 가져왔다. 막내아들 김영남은 대한적십자사의 공용 휠체어를 탄 모친이 안쓰러워 평양에 급히 요청해 'Dr. K'라는 미국의 고급 브랜드 휠체어를 선물하는 등 효심을 다했다.

최계월 할머니는 필자가 과거 전북 전주에서 목회할 때의 가까운 이웃이었다. 그래서 할머니의 가슴 아픈 사연을 모두 알고 있었다. 현재 94세가 된 할머니는 치매와 노환으로 거동은 물론 대화도 불가능한 상태라고 전해 들었다. 김영남은 남측에 거주하는 노모를 평양으로 초청할 계획을 양측 당국과 협의하고 있다고 한다.

김영남은 고교 시절에 발생한 자신의 입북 사건이 납치도 아니고, 자진월북도 아닌, 우연히 일어난 '돌발적 입북'이라는 것을 그동안 가족과 언론 앞에 강조해왔다. 북측은 자신을 납치한 주범이 아니라 오히려 생명의 은인이라는 것이다.

당시 김영남의 나이는 17세, 군산기계공고 1학년생이었다. 1978년 8월 5일 그는 친구들과 함께 군산 선유도해수욕장으로 놀러 갔다. 여름방학이 되면 흔히 있는 일이다. 남학생과 여학생들이 함께 놀러 갔는데, 남자들은 해수욕장 천막에서 잠을 자고 여자 친구들은 마을 민박에서 묵었다.

그때 마침 선배 두 명이 찾아와 여자 친구들한테 빌려준 녹음기를 찾아오라고 시켰다. 영남의 입장에서는 빌려준 녹음기를 다시 찾아오는 것은 남자의 자존심이 걸린 문제라 선뜻 응하지 못하고 머뭇거렸다. 녹음기를 찾아오지 않으면 선배들이 폭력을 행사할 것 같아 일시적으로 몸을 피하기 위해 바닷가로 갔다. 그것이 문제의 화근이 되었다.

마침 바닷가에는 작은 나무 쪽배가 놓여 있었다. 그 안에 숨어 있으면 선배들이 찾을 수 없을 것이라고 생각해 잠시 휴식을 취하려 누웠는데 그만 깜박 잠이 들고 말았다. 눈을 떠 보니 섬도 보이지 않고 해수욕장 불빛도 보이지 않는 망망대해였다.

"이젠 꼼짝없이 죽었구나" 하며 망연자실하고 있는데 멀지 않은 곳에 배 한 척이 지나가고 있었다. 옷을 벗어 흔들고 소리를 지르며 구조를 요청해 구사일생으로 구조되었다. 그러나 나중에 알고 보니 구조된 지역은 북측 해역이었고, 선박도 북측 배였다.

김영남이 탄 배는 평양 인근 남포항에 도착했다. 어린 마음에 걱정도 되고 잠도 제대로 잘 수 없었다. 하지만 북측 사람들의 친절함과 특별한 대우로 인해 차츰 마음이 풀어지고 북에 대한 인식도 바뀌게 되었다.

생각 끝에 "다시 집으로 가봐야 집안 형편이 어려우니 무상교육을 하는 이곳에서 공부 좀 더 하고 가면 되겠지?" 하는 생각에 북에 남게 되었다. 그러다 보니 어느덧 28년의 세월이 흘렀다는 것이다.

해외동포들을 위한 특별한 수연례 잔치

수연례는 일제시대를 맞아 한 차례 변화를 겪었고, 해방 후에는 이북에 사회주의 체제가 정착하는 과정에서 다시 한 번 큰 변화를 겪었다. 제국주의 요소와 봉건주의를 청산하려는 관혼상제 정책 때문에 대폭 간소화된 것이다. 북측 인민들은 장수 생일 잔치를 각자의 형편에 맞게 조용하면서도 알차게 치르는 모습이었다.

— 박기식 선생의 85회 생일을 축하하는 케이크가 찜닭 사이에 놓여 있다.

한편 색다른 장수 잔치도 만날 수 있었다. 이북에 거주하는 인민들이 아닌 해외에 거주하는 동포들을 위해 차려주는 장수 잔치나 생일 잔치를 말한다. 이런 잔치들은 주로 호텔이나 초대소에서 거행되며, 당사자의 부담이 되지 않도록 전적으로 북측에서 비용을 댄다. 때에 따라 최고지도자가 잔치상을 하사하기도 한다.

필자는 방북 체류기간에 미주 원로 통일운동가의 85회 생일 잔치와 미주 통일 언론인의 칠순 잔치 등에 참석한 일이 있다. 그 밖에도 여러 인사들의 잔치를 참석하거나 목격하였다.

이북의 장수 생일 잔치는 반드시 70, 80, 90 등의 나이 숫자에 맞춰 한정하는 것은 아니다. 국가와 사회에 큰 공로가 있는 노인의 경우에는 5자리 숫자로 끝나는 나이에도 챙겨주는 일이 있다. 김정일

— 북측을 대표해 맹경일 부위원장이 백로주를 따르며
박기식 선생의 85회 생일을 축하하고 있다.

국방위원장은 2004년 5월 3일 황순희 조선혁명박물관 관장에게
85회 생일상을 하사했는데, 2014년 선대를 계승한 김정은 국무위
원장도 황순희 전 관장의 95회 생일상을 마련해 주었다. 올해가 99
세이니 내년에는 100세 생일상을 거창하게 받을 것이다.

이북 사회는 해외동포 가운데 평화와 통일을 갈망하며 실천해
온 원로들을 극진하게 배려해주는데, 전직 중앙정보부 요원 출신
으로 미국에서 통일운동을 해온 박기식 선생의 85세 생일 잔치는
해외동포원호위원회(해동)가 주관해 마련하였다. 박선생은 김일성
주석과 미국의 카터 대통령간의 회담을 추진하는 데 실무적으로
큰 역할을 한 조지아 대학 박한식 교수의 은사이기도 하다.

박기식 선생처럼 비록 지난 시기 사상과 정치적 성향이 다른 길을 걸어온 사람이라 할지라도 자주, 평화, 통일의 길로 들어서면 따뜻하게 안아주는 전통이 자리잡아왔다. 윤이상 선생, 최덕신 선생, 최홍희 선생, 정주영 회장의 경우도 마찬가지였다.

해외동포 원로들에 대한 배려의 뿌리는 경로사상의 실천이다. 부모에 대한 자식의 공경과 효행이 아직 아름다운 전통으로 남아있는 이북사회를 바라보는 마음이 훈훈하다.

사진 출처

- 12쪽, 13쪽, 16쪽, 17쪽, 20쪽, 21쪽, 23쪽, 40쪽, 42쪽, 43쪽, 45쪽, 47쪽, 48쪽, 52쪽, 60쪽, 62쪽, 63쪽, 69쪽, 74-75쪽, 80쪽, 82쪽, 85쪽, 86쪽, 88쪽, 89쪽, 94-95쪽, 99쪽, 102쪽, 104쪽, 105쪽, 112쪽, 118쪽, 119쪽, 121쪽, 122쪽, 127쪽, 132쪽, 134쪽, 137쪽, 138쪽, 141쪽, 142쪽, 144-145쪽, 153쪽, 155쪽, 157쪽, 160쪽, 162쪽, 164-165쪽, 174-175쪽, 177쪽, 179쪽, 182쪽, 186쪽, 187쪽 — 최재영
- 14쪽, 18쪽, 61쪽, 116쪽 — 우리투어
- 26-27쪽 — Topolinochamp
- 30쪽 — 재미동포전국연합
- 32쪽, 35쪽, 38쪽 — 우리민족끼리
- 33쪽 — KCNA방송 화면 캡처
- 58쪽 — 조선관광안내도 화보
- 65쪽 — 민족21
- 107쪽 — stephan
- 129쪽 — 신은미
- 149쪽 — 진천규